Hans-Joachim Eckstein
Wenn die Liebe zum Leben wird
Zur Beziehungsgewissheit

Hans-Joachim Eckstein

Wenn die Liebe zum Leben wird

Zur Beziehungsgewissheit

Reihe: Grundlagen des Glaubens 3

SCM Hänssler

SCM

Stiftung Christliche Medien

Dr. Hans-Joachim Eckstein ist Professor für
Neues Testament an der Evangelisch-theologischen
Fakultät der Universität Tübingen.
www.uni-tuebingen.de/ev-theologie/personal/eckstein

Bestell-Nr. 395.180
ISBN 978-3-7751-5180-1

© Copyright 2010 by Hans-Joachim Eckstein
Verlagsrecht dieser Ausgabe:
SCM Hänssler im SCM-Verlag GmbH & Co. KG
71088 Holzgerlingen
Internet: www.scm-haenssler.de
E-Mail: info@scm-haenssler.de
Umschlaggestaltung: Christiane Marwecki
Titelbild: shutterstock.com
Satz: typoscript GmbH, Kirchentellinsfurt
Druck und Bindung: CPI – Ebner & Spiegel, Ulm
Printed in Germany

Die Bibelverse sind folgender Ausgabe entnommen:
Lutherbibel, revidierter Text 1984, durchgesehene
Ausgabe in neuer Rechtschreibung, © 1999 Deutsche
Bibelgesellschaft, Stuttgart.

Wir haben erkannt und geglaubt
die Liebe, die Gott zu uns hat.
Gott ist die Liebe;
und wer in der Liebe bleibt,
der bleibt in Gott und Gott in ihm.

1. Joh 4,16

Wenn jemand Gott liebt,
der ist von ihm erkannt.

1. Kor 8,3

Nachdem ihr aber Gott erkannt habt,
ja vielmehr von Gott erkannt seid …

Gal 4,9

Das ist das ewige Leben,
dass sie dich,
den allein wahren Gott,
und den du gesandt hast,
Jesus Christus, erkennen.

Joh 17,3

BEZIEHUNGSGEWISSHEIT

Nur die Liebe kann uns
glaubhaft vermitteln,
dass wir einzigartig
und bedeutsam sind.

Kennen wir diese Liebe,
dann können wir unser
Gegenüber und uns
selbst erkennen.

Aber wie schwer ist es,
andere anzuerkennen,
wenn wir selbst nicht
erkannt worden sind.

Vorwort
– 10 –

Glaube und Erfahrung
Von der Realität des Geglaubten
– 13 –

Gott als Vater
Das zentrale christliche Gottesverständnis?
– 49 –

»Mein Herr und mein Gott!«
Wie ein Zweifler den Auferstandenen »begreift«
– 89 –

Geliebt, erkannt und anerkannt
Zum Wesen der Liebe
– 111 –

»Gerechtigkeit erhöht ein Volk«
Von dem realistischen Ideal der Beziehung
– 123 –

Tolerant aus Glauben
Glaubensgewissheit und Anerkennung anderer
– 171 –

Anmerkungen
– 203 –

Verzeichnis der Fach- und Fremdwörter
– 213 –

VORWORT

Wenn die Liebe zum Leben wird – dann wird das Leben zur Liebe! Wenn die Beziehungen, die unser Leben begründen, stärken und erfüllen, für uns wirklich und erfahrbar werden, dann entwickelt sich in uns zunehmend die Fähigkeit, unser eigenes Leben in der Realität der Liebe zu erkennen und zu gestalten. Denn unsere Befähigung zur Beziehung erwächst aus unserer eigenen Beziehungsgewissheit, und unsere Beziehungsgewissheit gründet in unserer selbst erfahrenen Beziehungswirklichkeit.

Die Einführungen in die »Grundlagen des Glaubens« wenden sich sowohl an diejenigen, die sich aus einer interessierten Distanz mit den Wurzeln des Christentums beschäftigen wollen, als auch an die, die das Fundament ihres eigenen Glaubens und persönlichen Erlebens gedanklich noch klarer zu entdecken suchen. Ob es um die Grundbestimmung und Erfahrbarkeit des Glaubens geht oder um das zentrale Gottesverständnis, ob es sich um das »Begreifen« der Bedeutung Jesu Christi handelt oder um das Erfassen dessen, was Liebe überhaupt ist und sein kann, jeweils kommt der Glaube als zum Leben befähigende und ermutigende Beziehung in den Blick. Dass es sich bei diesem Glaubensverständnis um ein durchaus realistisches Ideal handelt und die gewonnene Glaubensgewissheit als solche auch zur Wahrnehmung und Anerkennung anderer führt, entfalten die beiden abschließenden Beiträge zu Gerechtigkeit und Toleranz.

Wer weitere »Grundlegungen des Glaubens« und elementare Zugänge zu zentralen theologischen Fragen sucht, der wird in »Zur Wiederentdeckung der Hoffnung« und in »Glaube als Beziehung« fündig werden. Wer sich anschauliche und persönliche Texte zu einem von Hoffnung und Liebe bestimmten Glauben wünscht, der wird z. B. in »Glaubensleben – Lebenslust« oder in der »Trilogie« zu den drei Wesensmerkmalen der christlichen Existenz eine sinnvolle Ergänzung sehen. Sie alle – die sachlich-theologischen wie die lyrisch-meditativen Bücher – laden auf je eigene Weise zur Entdeckung eines lebensbejahenden und beziehungsgewissen Glaubens ein.

Hans-Joachim Eckstein

GLAUBE UND ERFAHRUNG

VON DER REALITÄT DES GEGLAUBTEN[1]

Mehr denn je wird heute von Glaubenden die Frage nach der Erfahrung des Glaubens gestellt. Einerseits liegt dies gewiss daran, dass wir in einer Zeit leben, die auf das eigene Erleben und die persönliche Glückserfahrung konzentriert ist, andererseits gewiss auch daran, dass wir als Kinder der Neuzeit allem gegenüber kritisch sind, was wir nicht selbst vernünftig erklären oder unmittelbar wahrnehmen und empfinden können. Gegenüber Traditionen sind wir zunächst einmal misstrauisch; und das, was Institutionen vertreten, genießt an sich noch keinen Vertrauensvorschuss. Dass unsere Vorfahren etwas geglaubt haben, macht es für viele noch nicht an sich glaubwürdiger; und dass etwas in unserer Kirche seit Jahrhunderten verkündigt und bekannt wird, berührt und verpflichtet selbst die nicht unbedingt, die sich einer Gemeinde zugehörig fühlen.

Freilich muss man zugleich auch einräumen, dass das Verständnis des »Glaubens« in Theologie und Kirche gelegentlich sehr wirklichkeitsfern und lebensarm entfaltet worden ist. Einerseits kann man als kritischer Beobachter den Eindruck gewinnen, dass der Glaube für viele Christen nur von unwesentlicher Bedeutung sein könne, da er ihr Leben kaum sichtlich beeinflusst; andererseits mag man mit Verwunderung wahrnehmen, dass wir in Lehre und Verkündigung nicht selten die Verlegenheit unseres Alltags auch noch verklären und dem Glauben seinen Realitätsbezug und seine Erfahrbarkeit wortgewaltig absprechen. Aber mit einem Generalverdacht gegenüber allem »Religiösen« und »Emotionalen« oder mit einem rein formalen Wort- und Predigt-Verständnis werden wir wohl weder der Realität des Geglaubten noch den Menschen gerecht, die wir doch gewinnen wollen.

Da kann es nicht wundern, dass vor allem junge Gläubige immer wieder neu nach Wegen der Erfahrbarkeit des Glaubens suchen. Sie wollen sich nicht einfach mit den Inkonsequenzen anderer und mit den Widersprüchen ihrer eigenen Lebenserfahrung abfinden; sie wollen weder nur theoretisch und rein verkopft glauben noch genügt ihnen eine konventionelle Gottesdienstform, bei der das Gemeinschaftsmoment, die emotionale Wärme und das zeitgemäße Erleben und Gestalten zu kurz kommen. Hier wiederum fehlt es oft an der gedanklichen Durchdringung und der soliden theologischen Grundlage, die das im Glauben Erfahrene auch für die Zeiten der Zweifel und Krisen bewahren können und die die Gemeinde für die Bezeugung des Glaubens nach außen wie nach innen sprachfähig machen.

Wie gehören also Glaube und Erfahrung zusammen? Glauben wir, weil wir erfahren, oder erfahren wir, weil wir glauben? Trägt der Glaube die Erfahrung oder die Erfahrung den Glauben? Worin gründet die Gewissheit des Glaubens? Und wie äußert sie sich im eigenen Leben? Gibt es eine Form des Glaubens, bei der die unglücklichen Gegensätze unserer Frömmigkeitserfahrungen überwunden werden können und Kopf, Bauch und Herz zugleich angesprochen sind? Und vor allem – was meinen wir als Christen denn genau, wenn wir vom *Glauben* reden?

BESINNUNG AUF DEN AUSGANGSPUNKT
DER ZIELE

Es mag als naheliegend, für viele vielleicht als selbstverständlich erscheinen, dass wir unser Thema »Glaube und Erfahrung« im Gespräch mit den neutestamentlichen Schriften – und hier speziell mit Paulus als einem der bedeutendsten Theologen unter den neutestamentlichen Verfassern – entfalten wollen. Lässt uns nicht schon die Rede vom »Urchristentum« und der »Urgemeinde« an das *Ideal* und *Vorbild* unserer christlichen Tradition denken?

In Situationen der Krise und der Orientierungslosigkeit kann der sicherste Fortschritt für uns als Individuen wie als Gemeinschaften in der Tat darin bestehen, dass wir nicht unbedacht weiterlaufen, sondern anhalten und uns auf den Ausgangspunkt unserer Ziele besinnen. Gleich einem Wanderer im Moor, der spürt, dass der Boden unter ihm nachgibt, ziehen wir uns unwillkürlich zurück zu dem Punkt unseres Weges, an dem wir noch sicheren Boden unter den Füßen hatten, um uns neu zu orientieren. Dabei darf es nicht um ein zurückgewandtes und lebensängstliches Flüchten in die Vergangenheit gehen, sondern vielmehr um eine *Wiedergewinnung der Perspektive*, die uns vormals motivieren und unsere Wirklichkeit verändern konnte.

Die Rückbesinnung auf die Wurzeln unseres Glaubens führt ohnehin nicht zu einem verklärten Bild der ersten Christen und Gemeinden, bei denen alles noch dem Ideal entsprach und in Ordnung war. Vielmehr wird sich sehr schnell zeigen, dass es gerade der Umgang der ersten Christen mit den außergewöhnlichen *Herausforderungen* und *Schwierigkeiten* ist, der uns bei der eigenen Bewältigung unserer Aufgaben noch heute Orientierung und Motivation sein kann.

DIE ZENTRALE BEDEUTUNG DES GLAUBENS

In der Tat bilden das Substantiv »Glaube« und das Verb »glauben« nicht erst neuzeitlich, sondern von Anfang an einen – wenn nicht *den* – Zentralbegriff zur Beschreibung des rechten Gottesverhältnisses und zur Bezeichnung des Wesentlichen der christlichen Religion überhaupt. Dies zeigt sich schon rein formal an der Häufigkeit der Verwendung des Glaubensbegriffs im Neuen Testament: »Glaube« und »glauben« sind je 243-mal belegt,[2] und nur in den beiden kürzesten neutestamentlichen Schriften, dem 2. und 3. Johannesbrief, findet sich der Begriff nicht. Allein in den Paulusbriefen kommt der Glaubensbegriff insgesamt 196-mal vor.[3]

Entscheidender als die reinen Zahlen ist freilich die programmatische und umfassende Weise der Verwendung des Glaubensbegriffs in den frühchristlichen Schriften. So kann Paulus in Gal 3,23.25 vom »Gekommensein des *Glaubens*« reden, um das mit Christus gekommene Heil und Leben insgesamt zu umschreiben; und in Röm 12,6 nennt er als verbindlichen Maßstab für jede Predigt der christlichen Propheten »die Übereinstimmung mit dem *Glauben*«. Die ersten Christen bezeichneten sich schlicht als »die Glaubenden«[4]; und wollten sie das Christ-Werden, den Übertritt zur christlichen Religion und den Eintritt in die christliche Gemeinschaft treffend benennen, sprachen sie vom »Zum-Glauben-Kommen«[5]. Doch was verstanden die ersten Christen genau unter »Glaube«? Was

18

sind Bedeutung und Wesensmerkmal dieses Zentralbegriffs der christlichen – allemal der reformatorischen – Kirche bis heute?

GLAUBEN HEISST »FÜR-WAHR-HALTEN«

Bis in die Gegenwart hinein verbreitet ist *erstens* die Wendung »glauben, *dass…*« in der Bedeutung »für wahr halten«. Hier ist der Glaube also konkret auf einen *Glaubensinhalt* bezogen: er bezeichnet etwas, *was* geglaubt wird. Die Geretteten »glauben, dass Jesus gestorben und auferstanden ist« (1. Thess 4,14), »glauben, dass Gott Jesus von den Toten auferweckt hat« (Röm 10,9). In diesem Sinne lässt sich der *Inhalt* des Glaubens auch von Beginn an in Bekenntnissen formulieren – wie wir in unseren Gottesdiensten bis heute das Apostolische Glaubensbekenntnis gemeinsam bekennen. So wurde den Korinthern nach 1. Kor 15 in der Verkündigung bezeugt und so haben sie geglaubt (V. 11), »dass Christus gestorben ist für unsere Sünden nach der Schrift und dass er begraben worden ist, und dass er auferstanden ist am dritten Tage nach der Schrift und dass er erschienen ist Kephas, dann den Zwölfen« (1. Kor 15,3-5).

Umgangssprachlich wird der Begriff »glauben« heute oft verwendet, um hervorzuheben, dass sich etwas nur »annehmen« und »vermuten«, aber eben gerade nicht mit Gewissheit sagen lässt – wie in der Redewendung: »Glauben heißt nicht wissen.« Im Neuen Testament hingegen wird eine Erkenntnis nicht etwa deshalb als Glaubensaussage bezeichnet, weil ihr Wahrheitsgehalt dem Bekenner ungewiss oder zweifelhaft wäre. Der Glaubende darf und soll sich seiner Überzeugung durchaus gewiss sein. Was seine Glaubenserkenntnis vom sonstigen menschlichen Wissen unterscheidet, ist nicht etwa ein Mangel an *Gewissheit*, sondern lediglich die *Weise*, in der diese Gewissheit zustande kommt.

Zum Glauben an Gottes Existenz, an seine Zuwendung und sein Handeln kommt es nicht aufgrund von »Beweisen« und »eigenen Erfahrungen«, sondern vielmehr dadurch, dass der Mensch von Gott angesprochen und das Evangelium von Christus ihm zugesprochen wird. Der Glaubende wird von der Wahrheit des Evangeliums überzeugt, ohne dass er selbst Zeuge der beschriebenen Ereignisse gewesen ist; er kann sich darauf einlassen und verlassen, ohne dass er sie wie andere Tatsachen seines Lebens persönlich nachprüfen und belegen könnte. So versteht auch Paulus als Gegensatz zum »Glauben« nicht etwa das »*Wissen*«, denn der Glaube ist von Wissen, Erkenntnis und Gewissheit erfüllt – er würde in diesem Sinne wohl eher formulieren: »Glauben heißt wissen!« Für ihn besteht der Gegensatz zum gegenwärtigen Glauben der Christen vielmehr im zukünftigen »Schauen« – in der »Anschaulichkeit«, »dem Sichtbaren« der für uns noch zukünftigen himmlischen Welt. »Denn wir wandeln im Glauben und nicht im Schauen, im Sichtbaren« (2. Kor 5,7). Damit bedeutet Glauben, sich an das zu halten, was man nicht sieht, als würde man es sehen.

Die Glaubenden sind also durchaus davon überzeugt, *dass* Gott ist und dass er *für sie* ist; aber sie können dieses Wissen nicht eindeutig aus der Geschichte und Erfahrung – unabhängig und außerhalb von Christus – ableiten. Sie können ihre Glaubensüberzeugung anderen gegenüber wohl bezeugen und vernünftig erklären, aber eben nicht »beweisen«. Wüssten sie nicht von Gottes Selbstvorstellung und Reden in Christus – von der Verkündigung und dem Wirken Jesu Christi, von seiner Lebenshingabe für uns und seiner Auferstehung –, dann blieben ihre Erkenntnis von Gott und ihre Erfahrung mit der Welt und mit dem eigenen Glauben mehrdeutig und widersprüchlich – und damit gerade nicht vertrauenserweckend und Glauben gründend.

Infolge der Zusage des Evangeliums hingegen vertrauen sie fest darauf, dass sich Gott dieser widersprüchlichen Welt gegenüber bereits behauptet hat und sich ihr gegenüber endgültig in Liebe und Gerechtigkeit durchsetzen wird; aber sie nennen diese Gewissheit noch »Hoffnung«, weil sie eben noch nicht für jeden »augenscheinlich« und »offensichtlich« ist. – »Denn zu solcher *Hoffnung* sind wir gerettet; die Hoffnung aber, die man sieht [d.h. die man schon erfüllt sieht], ist nicht Hoffnung; denn wie kann man auf das hoffen, was man sieht? Wenn wir aber auf das hoffen, was wir nicht sehen, so warten wir darauf in Geduld« (Röm 8,24 f.).

Der christliche Glaube schließt somit durchaus »Wissen« und »Erkenntnis«, »Für-wahr-

Halten« und »Bekenntnis« ein. Jedoch wird diese »Überzeugung« weder durch »historischen Beweis« herbeigeführt noch überhaupt als losgelöster »Faktenglauben« dem Menschen selbst vorweg abgefordert – im Sinne von: »Das musst du eben glauben!« Die Offenbarung Gottes in Jesus Christus ist für die ersten Christen – wenn man es mit neuzeitlicher Begrifflichkeit ausdrücken wollte – sehr wohl »historisch«, d.h. in Zeit und Raum hinein *geschehen*, aber eben nicht »historisch *verifizierbar*«, d.h. mit wissenschaftlichen Mitteln auch außerhalb des Glaubens *nachzuweisen*. Und die Glaubensüberzeugung gilt sehr wohl als »objektiv begründet« und nicht nur als »subjektiv vermutet«, aber sie lässt sich gegenüber dem Unglauben zur jetzigen Zeit eben noch nicht »objektiv« und unwidersprechlich *beweisen*.

GLAUBENSLEBEN UND GLAUBENSGEHORSAM

Nun wird sowohl in den alttestamentlich-jüdischen wie in den neutestamentlichen

Traditionen durchgängig vorausgesetzt, dass das, was der Glaube »erkennt« und »für wahr hält«, zugleich das Leben der Glaubenden bestimmen und prägen soll. Der Glaube bleibt nicht rein theoretisch und unverbindlich, sondern hat Konsequenzen für die eigene Existenz und das persönliche Denken und Handeln. Dies kann als das *zweite* grundsätzliche Merkmal des biblischen Glaubensverständnisses angesehen werden. Diejenigen, die in ihrem Herzen glauben, dass Gott Jesus von den Toten auferweckt hat, die *er*kennen, *an*erkennen und *be*kennen diesen zugleich als den von Gott eingesetzten Kyrios – d.h. als »den Herrn« der Welt und ihres eigenen Lebens. So beschreibt es Paulus in Röm 10,9 als die Grundlage des Glaubenslebens: »Denn wenn du mit deinem Munde *bekennst* ... und *glaubst* in deinem Herzen ..., so wirst du gerettet.«

Die Verkündigung des Evangeliums zielt also auf *Glaube* und *Zustimmung* im *Gehorsam*; oder um es mit Röm 1,5 zu formulieren: Sie zielt auf den »Gehorsam des Glaubens«. Dies ist nun nicht so gedacht, dass der »Gehorsam« als ein *Weiteres* zum Glauben erst hinzutreten müsste, sondern in dem Sinne zu verstehen, dass der Glaube selbst den zustimmenden Gehorsam darstellt, dass der Gehorsam also im Glauben selbst besteht. Wenn die »Heiden« das von Paulus verkündete Evangelium von Jesus Christus »hören« und Gott »aufs Wort glauben«, dann kommt es damit zu dem »Gehorsam des Glaubens«, um dessentwillen sich der Apostel nach Röm 1,5 und 16,26 von Gott gesandt weiß. Und kommt es umgekehrt trotz der Verkündigung nicht zum Glauben, dann ist dieses »Nicht-Hören« und »Nicht-hören-Wollen« in umfassender Bedeutung »Ungehorsam« (vgl. Röm 11,30-32)[6].

Somit gründet der »*Gehor*sam des Glaubens« in dem »Zu-*Gehör*-Bringen des Glaubens«. Der Gehorsam, der im zustimmenden Glauben besteht, gründet in der Verkündigung des Evangeliums, die den Glauben weckt (Gal 3,2.5; Röm 10,8.17). Der *Gehorsam* verdankt sich dem *Hören!* So folgert es Paulus selbst einprägsam in Röm 10,17: »So kommt der Glaube aus der Verkündigung, die Verkündigung aber durch das Wort Christi [d.h. das Evangelium].«

GLAUBE ALS VERTRAUEN UND
SICH-ANVERTRAUEN

Sosehr die beiden bisherigen Bestimmungen des Glaubens als »Für-wahr-Halten« und als »Anerkennen« bzw. »Gehorsam« für das biblische Verständnis insgesamt zutreffend und wichtig sind, sowenig können sie doch schon als *hinreichend* gelten. Es ist nämlich als ganz wesentlich festzuhalten, dass der Glaube sich nicht nur auf eine Idee, eine Mitteilung oder einen Sachverhalt bezieht, sondern zunächst und vor allem auf eine *Person!*

Rein sprachlich spiegelt sich das darin wider, dass nicht nur die Wendungen »glauben, *dass*«[7] und »*etwas* glauben«[8] gebraucht werden, sondern vor allem »*jemandem* glauben«[9] und »*an jemanden* glauben«[10]. Es geht beim Glauben also nicht nur um *Überzeugungen* und *Tatsachen*, sondern vor allem und zuerst um *Personen.* Indem das Moment des »Vertrauens«, des »Sich-Anvertrauens« und des »Sich-Verlassens« auf ein Gegenüber in den Vordergrund tritt, erweist sich das Wort »Glaube« als ein *Beziehungsbegriff* – ein Begriff also, der nicht nur die Überzeugung eines Einzelnen für sich, sondern das *Verhältnis* einer Person zu einer anderen beschreibt. So wie der Begriff der »Liebe« eine *personale Beziehung* voraussetzt, so wird hier mit »Glaube« nicht nur die individuelle Haltung, Überzeugung und Zustimmung bezeichnet, sondern das »Sich-Verhalten« und »Sich-bestimmen-Lassen« hinsichtlich eines *persönlichen Gegenübers*[11].

Wer dem Vater Jesu Christi seine Zusage und Verheißung glaubt und ihn beim Wort nimmt, der »vertraut« auf ihn und seine Treue. Wer an den Gott glaubt, »der die Gottlosen gerecht macht« – d.h. begnadigt und freispricht (Röm 4,5) –, der hat sich selbst, so wie er ist, diesem Gott vorbehaltlos »anvertraut«; und wer an Jesus Christus als den für ihn gestorbenen und auferstandenen Herrn glaubt und sich fortan im Leben und Sterben von ihm her versteht und auf ihn bezogen leben will, der *verlässt sich* – in des Wortes doppelter Bedeutung – mit seiner ganzen Existenz auf ihn. So kann Paulus die Beispielhaftigkeit des Glaubens Abrahams in Röm 4 gerade darin sehen, dass er Gott dessen Verheißung glaubte – wörtlich: »*auf* Hoffnung *wider* alle Hoffnung«, d.h. »auf Hoffnung, da nichts zu hoffen war« (Röm 4,18). »Denn er zweifelte nicht an der Verheißung Gottes durch Unglauben, sondern wurde stark im Glauben und gab Gott die Ehre und wusste aufs Allergewisseste: Was Gott verheißt, das kann er auch tun« (Röm 4,20 f.).

Von hier aus wird deutlich, dass die zunächst skizzierten Aspekte des Glaubens erst von dieser Perspektive des persönlichen »Vertrauens« und »Zutrauens« her ihre wesentlichen Umrisse und ihre Eindeutigkeit gewinnen. Nur wenn der Glaube als vertrauender und sich anvertrauender Glaube – also als positive personale Beziehung – erfasst wird, erscheinen die Gesichtspunkte der Glaubenserkenntnis und des Glaubenswissens, des Anerkennens und der Zustimmung im rechten Licht. Denn sowohl ein Verständnis von »Glauben« allein als »Für-wahr-Halten« als auch die Betonung des »Glaubensgehorsams« und des »Auslebens« von Glaubensüberzeugungen könnten für sich genommen – wie wir aus der Frömmigkeitsgeschichte wissen – auch zu ganz unverbindlichen oder auch unerlösten und lebensfeindlichen Formen von Religiosität führen.

GESCHENKWEISE, DAS HEISST IM GLAUBEN

Nun hat sich freilich gezeigt, dass auch die Betonung dieses *personalen* und *persönlichen* Gesichtspunktes des Glaubens noch nicht vor allen Missverständnissen bewahrt. Wir sprechen in der Verkündigung und Seelsorge gerne davon, dass das Vertrauen zu Gott unsere »Antwort« auf Gottes »Wort« sei, dass wir nur den Willen aufzubringen und uns zu entscheiden hätten, ja dass unser Glaube an Gott der *eine* Schritt sei, den wir nach Gottes vielen Schritten des Entgegenkommens nun unsererseits zu tun hätten. Wenn wir so sprechen, dann erfahren manche diese Form des Wechsels von den »Werken des Gesetzes« hin zu der Forderung nach »dankbarer Liebe« nicht etwa als Erleichterung, sondern als eine lediglich indirektere Form der religiösen Überforderung. Gesetzesforderungen kann man studieren und zu »guten Werken« kann man sich überwinden, aber wie bringt man sich selbst dazu, das Unglaubliche zu glauben und aus Notwendigkeit freiwillig zu lieben?

Stellt der Glaube dabei nicht doch eine neue, wenn auch feinsinnigere Form der »Leistungsforderung« und der »Bedingung« dar, die der Mensch nun seinerseits anstelle der »Gesetzeswerke« zu erfüllen hat? Richtig gesehen wird bei der Betonung der *Notwendigkeit* des Glaubens sicherlich, dass die Gemeinschaft mit Gott und das neue Leben in Christus im Neuen Testament durchgängig mit dem Glauben verbunden werden: Es gibt danach keine christliche Identität ohne Glauben!

Zutreffend ist auch, dass es der *Mensch* ist, der glaubt, denn der »Glaubensbegriff« wird als solcher in unserer Sprache ja nicht in Hinsicht auf Gottes Haltung der Welt gegenüber gebraucht; diese wird vielmehr mit Begriffen wie »Liebe«, »Erbarmen«, »Gerechtigkeit« und »Treue« umschrieben.[12] Hingegen ist es unzutreffend, dass der »Glaube« bei Paulus als menschliche Möglichkeit oder als vom Menschen selbst zu erbringender eigenständiger Beitrag dargestellt wird. Ob es heißt, dass der rettende Freispruch »auf der Grundlage des Glaubens«[13] empfangen wird, oder ob betont wird, dass das Heil »vermittels des Glaubens«, »durch den Glauben«[14] erlangt wird – in jedem Fall versteht Paulus den Glauben nicht als *Voraussetzung* und *Vorbedingung*, die der Mensch *von sich aus* zu erfüllen hätte, um anschließend dafür das Heil zu erlangen. Vielmehr beschreibt er den Glauben als die *Art und Weise*, in der Gott dem Menschen schon gegenwärtig Anteil an seiner Gerechtigkeit gibt.

Der Mensch muss nicht zuerst glauben, damit Gott ihm infolgedessen das Leben schenkt, sondern indem der Mensch glaubt, hat er bereits das Leben. Der *Glaube selbst* ist schon Geschenk,[15] denn er ist die *gegenwärtige Gestalt der Gottesbeziehung*. Der Glaube ist gerade nicht die vom Menschen zu erfüllende Vorbedingung und Kondition, sondern die Gestalt der gegenwärtigen Heilserfahrung; die Gerechtigkeit wird dem Menschen nicht »*wegen* seines Glaubens«, sondern »*durch* den Glauben«, »*in Gestalt* des Glaubens« zugesprochen.

Unter diesen Voraussetzungen wird es auch nachvollziehbar, dass der Apostel in der Auseinandersetzung mit der Position seiner judenchristlichen Gegner die Rechtfertigung im Glauben konsequent der *göttlichen Gnade* zuordnet[16] und sie dem menschlichen »Verdienst« und »Anspruch« (Röm 4,4) oder dem menschlichen »Rühmen« (Röm 3,27)[17] entgegensetzt.

Er stellt sogar die durch Gottes Liebe im Glauben geschenkte Begnadigung dem faktisch gelebten Leben der Menschen überhaupt gegenüber![18] – »Denn es gibt keinen Unterschied: Alle haben sie gesündigt und entbehren der Herrlichkeit Gottes. Sie werden aber *geschenkweise* in seiner *Gnade* gerechtfertigt durch die Erlösung in Christus Jesus« (Röm 3,23 f.). Nur unter diesen Voraussetzungen wird verständlich, warum das Evangelium selbst schon als wirkmächtige Kraft Gottes erfahren wird (Röm 1,16; 1. Kor 1,18) und warum schon das Zustandekommen des Glaubens auf das Wirken des Geistes und der Kraft Gottes zurückgeführt wird (1. Kor 2,4 f.; 1. Thess 2,13).

VON DER GEWISSHEIT DES GLAUBENS

Nur wenn der Glaube tatsächlich als von Gott selbst geschenkt und das menschliche Vertrauen zu ihm als durch sein Wort erweckt und hervorgerufen verstanden wird,[19] ist es auch möglich, Zuversicht und Gewissheit im Glauben zu gewinnen. Der Glaube darf sich der Liebe und Zuwendung Gottes gewiss sein,[20] denn er darf Gott aufs Wort glauben. Der Unterschied zwischen einer berechtigten und für den Glauben unentbehrlichen »Heils*gewissheit*« und einer oft kritisierten unangemessenen »Heils*sicherheit*« liegt nach der paulinischen Darstellung der Rechtfertigung aus Gnaden nicht im Grad des Wissens und der Stärke der Überzeugung, sondern allein in deren *Begründung* und *Voraussetzung*.

Insofern die Gewissheit nicht im eigenen »Ergreifen«, sondern im »Ergriffensein« und »Gehaltenwerden« gründet (Phil 3,12)[21], nicht im »Erkennen«, sondern im »Erkannt-Sein« (1. Kor 8,3; 13,12; Gal 4,9), ist der Unterschied zwischen einer berechtigten »*Gewissheit*« und einer unberechtigten »*Sicherheit*« klar zu bestimmen: Es geht um den Gegensatz von in Gottes Zuspruch begründeter »*Christus*gewissheit« und in Überheblichkeit gründender »*Selbst*sicherheit«. Der Gläubige selbst kann seine *eigene* Treue nicht für alle Zeiten garantieren, er hat aber die Verheißung, dass *Gott* ihm – und sich selbst – in Christus immer treu bleiben wird. – »Denn ich bin *gewiss*, dass weder Tod noch Leben, weder Engel noch Mächte noch Gewalten, weder Gegenwärtiges noch Zukünftiges, weder Hohes noch Tiefes noch eine andere Kreatur uns scheiden kann von der *Liebe Gottes*, die *in Christus Jesus* ist, unserm Herrn« (Röm 8,38 f.).

GLAUBENSSCHRITTE

Einer solchen Betonung der Liebe und Gnade Gottes bei Paulus – oder auch später bei den Reformatoren – wird häufig entgegengehalten: »Der Mensch hat aber doch den *einen* Schritt des Glaubens selbst zu gehen!« Die Antwort lautet: Er soll nicht nur *einen*, sondern sogar unzählige Schritte im Glauben gehen! Entscheidend ist aber, dass er keinen einzigen Schritt seines Lebens fortan *allein* und *ohne Gott* zu gehen braucht. Wir sollen wohl selbst Schritte des Glaubens machen, aber nicht isoliert und allein gelassen. Denn wäre es anders und der Mensch hätte den ersten – oder wenn man will: den letzten – Schritt des Glaubens von sich aus und allein zu machen, dann würde das neue Leben mit genau dem Problem erneut beginnen, von dem es den Menschen erlösen soll: der Unabhängigkeit von Gott.

Wir sollten uns in Verkündigung und Lehre davor hüten, die *Unverzichtbarkeit* des Glaubens auf eine Weise zu beschreiben, die andere nur auf die *Unerreichbarkeit* des Glaubens schließen lässt. Man kann den Vorgang des »Beschenktwerdens« auch so verkomplizieren, dass das Annehmen des »bedingungslosen« Geschenkes für den Empfänger zum eigentlichen Problem wird. Dann gewinnt der Beschenkte den Eindruck, als hätte er sich durch sein Verhalten die »voraussetzungslose« Zuwendung erst zu verdienen, als müsse er durch seine Haltung auf eine ganz hintersinnige Weise die Kosten für das »kostenlose« Geschenk selbst aufbringen.

»Ist damit aber der Mensch nicht zu völliger *Passivität* verurteilt?«, wird oft eingewandt. – Von »Passivität« im Glauben kann man wohl sprechen, wenn man den Aspekt des *Empfangens* und des *Beschenktwerdens* durch Gott betonen will. Der Glaubende weiß, dass er sein ganzes Leben der voraussetzungslosen Liebe Gottes verdankt, und lässt sich das Beschenktwerden durch Christus gefallen. Der Begriff der »Passivität« ist aber dann irreführend, wenn man damit den Gedanken an ein untätiges, duldendes und teilnahmsloses Verhalten verbindet. Der von Gottes Geist bewegte Mensch (Röm 8,14) wird im Gegensatz dazu gerade als zielstrebig, willensstark, belastbar, liebesfähig und lebensorientiert beschrieben[22] – und in diesem Sinne dann wohl als ausgesprochen »aktiv«.

»Wie kann man denn dann den Glauben noch als freie Entscheidung verstehen, wenn der Mensch dazu von Gott überwunden werden muss?« – Der »freie Wille« des Menschen wird bei Paulus nicht als *Vorbedingung*, sondern – wenn man es überhaupt so nennen will – als *Folge* der Erlösung dargestellt. Im Unterschied zu mancher individualistischen Sicht des Menschen weiß die neutestamentliche »Lehre vom Menschen« um das Eingebunden- und Bestimmtsein des Menschen durch die ihn prägenden Einflüsse. Dass Paulus die »Freiheit« des Menschen nicht als Voraussetzung zum Glauben denkt, sondern vielmehr als dessen Konsequenz, macht er durch die Rede vom »Versklavtsein« und »Gefangensein« des Menschen unter der

Herrschaft der lebensabträglichen Sünde an-
schaulich.[23] Die Befreiung in Christus wird
dementsprechend als Auslösung aus der Skla-
verei und als Adoption zur Gotteskindschaft
beschrieben.[24] In Hinsicht auf die Töchter und
Söhne Gottes spricht Paulus dann in der Tat
von einer herrlichen Freiheit der Kinder Gottes
(Röm 8,21) – nämlich der Freiheit innerhalb der
erlösten und lebensfördernden Beziehung.

DIE UNVERGLEICHLICHKEIT DES
GLAUBENS UND DIE GRENZE ALLER BILDER

Wen soll man sich bei einem so konsequent durchgeführten Verständnis von
Gottes Liebe und Gnade denn dann als *Subjekt* des Glaubens denken?« – In der Tat stoßen
wir an diesem Punkt an die Grenze einer durch
menschliche Analogien und Bilder bestimmten
Argumentation. Durch den Vergleich mit einer
Eltern-Kind-Beziehung[25] oder mit einer partnerschaftlichen Liebe[26] lassen sich die Momente einer *positiven personalen Beziehung* und einer
bedingungslosen und *umfassenden Zuwendung*

eindrücklich veranschaulichen. Die Grenze dieser bildhaften Rede liegt freilich darin, dass keines der angeführten menschlichen Beispiele wirklich die *Ganzheitlichkeit* und *Umfänglichkeit* der Gottesbeziehung illustrieren kann.

Denn Kinder sollen erwachsen werden, Schüler von ihren Lehrern unabhängig; und selbst – bzw. gerade – in einer partnerschaftlichen Liebe besteht das Ideal keineswegs in der Abhängigkeit und dem bleibenden Angewiesensein des einen Partners auf den andern. Insofern kann es hilfreich sein, Gott nicht nur in Analogien zu menschlichen Autoritäten wie Eltern und Lehrern zu denken, sondern sich darauf zu besinnen, dass er nach der biblischen Tradition als »Schöpfer« und »Bewahrer der Welt« zugleich in grundsätzlicher Unterschiedenheit von seinen »Geschöpfen« gedacht wird.

Gott wird nicht nur als *ein* »Lebender« unter anderen beschrieben, sondern als der *Ursprung* des Lebens und als *das Leben selbst*; er wird nicht nur als *ein* Liebender unter anderen erkannt, sondern als *die Liebe in Person*. Gott selbst ist *die* Liebe und *das* Leben.[27] Ein Geschöpf kann durch die Zuordnung zu seinem Schöpfer nur gewinnen; und ein Lebender kann sich nichts mehr wünschen, als dass das Leben sich in ihm uneingeschränkt und dauerhaft entfaltet. Wer wäre zu stolz, sich von der Liebe überwältigen zu lassen, oder fühlte sich bevormundet, nur weil er auf das Leben bleibend angewiesen ist?

Im Kontext einer solchen – alle menschlichen Bilder überschreitenden – Rede von der Ganzheitlichkeit und Unbedingtheit der Gottesbeziehung lässt sich gedanklich nachvollziehen, warum Paulus davon sprechen kann, dass nicht er selbst Subjekt seines Glaubens ist, sondern letztlich der für ihn gestorbene und auferstandene Sohn Gottes und dass er gerade die Zuordnung zu dem ihn liebenden Christus als das Wesen seines christlichen Glaubens versteht. Wer nämlich an Christus glaubt, der »verlässt sich« mit seiner ganzen Existenz auf ihn.

»Denn ich bin durch das Gesetz dem Gesetz gestorben, damit ich Gott lebe: Ich bin mit Christus gekreuzigt. Also lebe nicht mehr ich, sondern *Christus lebt in mir*. Was aber nun mein Leben in der irdischen Existenz anbelangt, so lebe ich *im Glauben* an den Sohn Gottes, der mich geliebt und sich selbst für mich dahingegeben hat« (Gal 2,19-21).

GLAUBE UND ERFAHRUNG

Wenden wir diese Entfaltung des Glaubens nach Paulus – als eines leidenschaftlichen Zeugen des Glaubens – nun auf unsere Ausgangsfragen an, so kommen wir zu ganz grundlegenden – vielleicht auch überraschenden – Ergebnissen: Der Glaube macht Erfahrungen, aber er gründet nicht allein auf Erfahrungen. Der Glaube bezieht auch unsere Gefühlswelt mit ein, aber er basiert nicht auf Gefühlen. Unser Glaube will gelebt werden, aber er lebt nicht vom Erleben – er hat nicht, was er sieht, im Blick! Grundlage unseres Glaubens ist der Zuspruch Gottes. Verlassen können wir uns ausschließlich auf sein Wort – dass er unbedingt zu uns steht und dass er das vollenden wird, was er in uns begonnen hat. So gilt es, an Gottes Zusage festzuhalten, auch da, wo sie gegen alle Erfahrung steht, und sich an seine Verheißung zu klammern, auch wenn unsere Gefühle das Gegenteil behaupten. Es ist unsere Unerfahrenheit, die uns dazu verleitet, die eigene Erfahrung überzubewerten. Ein erfahrener Glaube weiß, dass er sich von Erfahrungen nicht abhängig machen darf.[28]

Noch grundlegender kann man sogar sagen: Der Glaube macht nicht nur Erfahrungen, der Glaube selbst ist schon eine Erfahrung. Denn der Glaube ist nicht die *Voraussetzung*, die wir von uns aus erfüllen müssen, um Gottes Wirken zu erleben, sondern die *Art und Weise*, in der Gott uns gegenwärtig seine Wirklichkeit erfahren lässt. So müssen wir nicht erst glauben, damit Gott an uns wirken kann, sondern wir können deshalb glauben, weil Gott bereits an uns wirkt. Glauben können wir von uns aus nicht herstellen, sondern er wird in uns geschaffen. Vertrauen können wir selbst nicht abrufen, aber es wird in uns erweckt, gebildet und hervorgerufen – von dem, der selbst vertrauenswürdig ist. Was immer wir dann in unserem Glauben auch sonst noch erleben mögen, die grundlegende Glaubens*erfahrung* ist und bleibt die Erfahrung des *Glaubens*.

Damit aber überwindet ein so am Evangelium Jesu Christi orientierter Glaube endlich die falsche Alternative von »Handeln« und »Erfahren«, von »Aktiv« und »Passiv« in der christlichen Existenz: Der Glaube ist *aktiv* – denn er befähigt den Menschen, sein Leben zielstrebig und zuversichtlich zu gestalten. Der Glaube ist *nicht aktiv* – falls man bei dem Wort Aktivität an Aktionismus, Leistungsdruck und Selbstrechtfertigung denkt. Der Glaube ist *passiv* – insofern der Glaubende weiß, dass er sein ganzes Leben der voraussetzungslosen und bedingungslosen Liebe Gottes verdankt, und sich das Beschenktwerden durch Christus als den Herrn des Lebens in dankbarer Liebe gefallen lässt. Der Glaube ist *nicht passiv* – da er die Toten lebendig werden lässt, die Traurigen getrost, die Verzagten zuversichtlich und die Kraftlosen tatkräftig.

WACHSEN IM GLAUBEN?

Welche Konsequenzen hat ein solches Glaubensverständnis für unseren Wunsch, mehr Glaubenserfahrungen zu machen und in unserem eigenen Glauben zu wachsen? Wir erwarten von unserem Glauben, dass er wächst und uns endlich groß und stark werden lässt.

Dabei liegt die Stärke des Glaubens gerade darin, dass er uns zunehmend mit unserer eigenen Schwachheit versöhnt und uns die Kraft unseres Gottes und die Größe seiner Liebe überwältigend vor Augen stellt. Das Geheimnis des Glaubens äußert sich nicht im grenzenlosen eigenen Erfolg, sondern in der Art und Weise, wie wir mit unseren Grenzen und Misserfolgen zu leben lernen.

Wozu brauchen wir überhaupt einen großen Glauben? Haben wir denn einen so kleinen Gott? Je zuverlässiger die Person ist, der wir vertrauen wollen, desto weniger Glauben müssen wir aufbringen – und umgekehrt. Um dem Gott zu vertrauen, den uns Jesus als seinen treuen und liebevollen Vater offenbart, bedarf es nur eines Glaubens so klein wie das winzige Senfkorn![29] So überwinden wir unseren Kleinglauben gegenüber Gott nicht etwa durch die Vermehrung *unseres Glaubens*, sondern durch die Zunahme unserer Erkenntnis *seiner Vertrauenswürdigkeit* und *Treue*. Oder um es auf den Punkt zu bringen: Wir brauchen keinen großen Glauben, sondern den Glauben an die Größe Gottes.

GLAUBE UND ANFECHTUNG –
DER TROST DER GETRÖSTETEN

Was bei einem erfahrungsbetonten Glaubensverständnis oft übersehen wird, ist die Tatsache, dass der Glaube nach dem neutestamentlichen Verständnis in diesem Leben immer wieder dem Zweifel und der Anfechtung ausgesetzt sein wird. Dies gilt nicht für die Realität des Geglaubten selbst, wohl aber für uns als Glaubende, solange wir noch in dieser Wirklichkeit – also im Glauben und nicht im Schauen, im Sichtbaren – leben. Umso wichtiger ist es zu erkennen, dass wir von der Realität des Geglaubten leben – nämlich von Gott und seiner in Christus erwiesenen Liebe – und nicht von der Intensität unserer Erfahrungen und Gefühle. Die Realität unseres *Glaubens* ist nicht auf unser Bewusstsein beschränkt, sondern unser Glaubensbewusstsein gründet und steht in der Realität des *Geglaubten*. Unsere Beziehung zu Gott ist nicht nur so wirklich, wie es uns ständig bewusst ist, sondern uns wird nach und nach immer mehr bewusst, wie wirklich Gottes Beziehung zu uns ist – ob wir es gerade fühlen und erfahren oder nicht.

Zudem übersehen wir bei unserem Wunsch nach einem von Schwachheiten und Anfechtungen freien Leben oft, dass wir im Laufe unseres bisherigen Glaubenslebens durchaus nicht nur durch unsere positiven und bestätigenden Erfahrungen gewachsen sind, sondern oft gerade durch die Zeiten, in denen wir nicht fühlten, was wir glaubten, und noch nicht erfahren konnten, wonach wir uns sehnten. Der erfahrene Glaube lernt die Anfechtung des Glaubens nicht nur als eine Form der Abwesenheit von Glaubenserfahrung zu begreifen, sondern durchaus selbst schon als eine Gestalt gegenwärtiger Glaubenserfahrung.

Schwerwiegende Entscheidungen fallen nämlich selten in leichten Zeiten, und tief gehende Veränderungen entstehen nicht durch oberflächliche Erfahrungen. Bedeutende Entwicklungen werden kaum durch unbedeutende Begegnungen angeregt, und persönliche Hilfe erfahren wir so gut wie nie in unpersönlichen Beziehungen. Verständnis für die Schwachheit anderer erwächst nicht aus der eigenen Stärke, und wie man andere Menschen tröstet, wissen wir erst, wenn wir nicht nur getrost, sondern auch selbst getröstet sind. Warum also sehnen wir uns ausschließlich nach einem leichten und unbeschwerten Leben, wenn das, was uns so wertvoll macht, in einem verletzlichen und tiefgründigen, in einem lebendig gelebten Leben liegt?

Damit sind wir abschließend an dem Punkt, an dem sich die Frage nach dem Verhältnis von Glaube und Erfahrung noch einmal in eine ganz neue Richtung wendet. Für den an Gottes Liebe und Christi Zuwendung und Lebenshingabe orientierten Glauben geht es immer weniger um die Frage der eigenen Erfahrung als vielmehr um die, wie dieser Glaube für andere erfahrbar werden kann. Neben den berechtigten Wunsch nach eigener Anerkennung und Entwicklung tritt zunehmend das Anliegen, andere an der Realität des Glaubens und vor allem des Geglaubten teilhaben zu lassen. Ein starker Glaube zeigt sich dann nicht am kraftvollen und selbstbewussten Auftreten, sondern in der Fähigkeit, sich Schwachen zuzuwenden, ohne sie zu erniedrigen, auf Fragende einzugehen, ohne sie zu belehren, Zweifelnde zu begleiten, ohne ihnen die eigenen Lösungen aufzuzwingen, Hilflosen so zu helfen, dass sie nicht noch hilfloser werden, Unsichere zu ermutigen, ohne ihnen ihre eigene Verantwortung abzunehmen. Kurzum, die Stärke des Glaubens erweist sich in der Fähigkeit, mit der Schwachheit anderer verantwortlich und liebevoll umzugehen.

Wir werden selbst getröstet, damit wir andere trösten können; und unsere eingestandene Schwachheit ist nicht nur ein Mangel, sondern zugleich die Voraussetzung, andere zu stärken.[30] Vielleicht ist die Fähigkeit, sich selbst anderen und ihren Bedürfnissen zuzuwenden und auch sie »mit den Augen Gottes« zu sehen, überhaupt eine der schönsten Glaubenserfahrungen, die wir schon hier und jetzt machen können.

GOTT ALS VATER

DAS ZENTRALE CHRISTLICHE GOTTESVERSTÄNDNIS?[31]

Unter den zahlreichen neutestamentlichen Texten, in denen von Gott als »Vater« die Rede ist, kommt Eph 3,14-19 zweifellos eine herausragende Rolle zu: »Deshalb beuge ich meine Knie *vor dem Vater, der der rechte Vater ist* über alles, was da Kinder heißt im Himmel und auf Erden, dass er euch Kraft gebe nach dem Reichtum seiner Herrlichkeit, stark zu werden durch seinen Geist an dem inwendigen Menschen, dass Christus durch den Glauben in euren Herzen wohne und ihr in der Liebe eingewurzelt und gegründet seid. So könnt ihr mit allen Heiligen begreifen, welches die Breite und die Länge und die Höhe und die Tiefe ist, auch die Liebe Christi erkennen, die alle Erkenntnis übertrifft, damit ihr erfüllt werdet mit der ganzen Gottesfülle.«

Gott wird als *Vater* verstanden – hier sogar: als der »rechte Vater«, d.h. als der Vater, von dem her alle Vaterschaft benannt wird und in dem alle Vaterschaft ihren Maßstab hat. Unter den verschiedenen Gottesbezeichnungen gehört die Anrede Gottes mit »Vater« und das Verständnis Gottes als Vater zu den Vorstellungen, die in den letzten Jahrzehnten im weiteren Umfeld der Kirche und Gemeinden besonderen Anstoß erregt haben. Im Kontext der feministischen Theologie versuchten viele diese »Engführung« aufzusprengen, und so mögen wir schon Gottesdienste erlebt haben, bei denen Gott bewusst nicht mehr als »Vater«, sondern stattdessen bzw. zusätzlich ausdrücklich als »Mutter«, als Mutter der Natur, der Erde, des Lebens oder allen Seins angesprochen wurde. Dies kann gelegentlich dann sogar das »Vaterunser« oder geprägte Segenswünsche mit der dreifaltigen Erwähnung von Vater, Sohn und Heiligem Geist einschließen.

Ganz gewiss trifft es zu, dass die biblische Rede von Gott als Vater in eine Gesellschaft hinein erging, die selbst patriarchalisch organisiert war und lebte. Sowohl das Volk Israel wie auch die Umwelt der Urgemeinde und des Neuen Testaments waren durch das Patriarchat – die »Vater-Herrschaft« – bestimmt; sie hatten also eine Gesellschaftsordnung, in der der Mann die oberste Entscheidungs- und Verfügungsgewalt über alle Familienmitglieder und in den gesellschaftlich bestimmenden Strukturen hatte.

Für die Problematisierung der Bezeichnung Gottes als »Vater« noch entscheidender mögen die Gründe sein, die wir eher dem psychologisch-seelsorgerlichen als dem historischen Bereich zuordnen. In der Seelsorge sind wir immer wieder mit Menschen im Gespräch, für die die Anrede Gottes mit »Vater« traumatische Erinnerungen wecken können, weil sie in ihrer eigenen leiblichen Vaterbeziehung oder in der Begegnung mit väterlichen Persönlichkeiten ihrer Kindheit Schreckliches erlebt haben. Das Vater-Bild weckt dann nicht Gedanken an Verlässlichkeit und Treue, Zuneigung und Wärme, sondern eher Angst und Beklemmung, Misstrauen und Selbstzweifel. Eine Frau, die als Mädchen von ihrem Vater oder einer anderen männlichen Autoritätsperson schweres Unrecht erlebt hat, mag sehr wohl eine trauma-

tische Blockade empfinden, sich Gott im positiven
Sinne als Vater vorzustellen. Und wer als Junge
seinen leiblichen Vater vor allem abwertend, ungerecht und gewaltsam erlebt hat, wird sich lange
schwertun, Gott als Vater anzusprechen.

Nun sind gewiss weder die gesellschaftlichen
Kontexte, in die hinein das Evangelium historisch
gesprochen worden ist, noch auch die eigenen
biografischen Situationen, die durch erfahrenes
Leid bestimmt sein können, für sich genommen
schon lebensfördernd und von bleibender Gültigkeit. Sie können sich vielmehr auch als lebensab-
träglich und somit erlösungs- und veränderungs-
bedürftig erweisen. Dies gilt selbstverständlich
auch für das Patriarchat und die Rolle oder das
Bild des menschlichen Vaters.

Allerdings wäre es zu kurz gegriffen, wenn
wir aufgrund gesellschaftlicher Fehlentwick-
lungen oder persönlicher Leiderfahrungen bestimmte Lebensbereiche einfach tabuisieren und
den Vaterbegriff, das Vaterbild und all das, wo-
für Vaterschaft im besten Sinne stehen kann, nur
pauschal verurteilen und ausblenden wollten.
Gewiss wird man persönlich Betroffenen die
lebensfördernden und beziehungsstärkenden

Aspekte der Gottesvorstellung des Evangeliums zunächst mit anderen Beispielen, Bildern und Umschreibungen nahebringen wollen als ausgerechnet mit einer negativ besetzten Vaterbezeichnung. Auf Dauer aber und für die Sprache der Gemeinde und der Gläubigen insgesamt kann die Lösung – wie in fast allen Lebensbereichen – kaum in der radikalen Verdrängung und Tabuisierung des als bedrohlich Erlebten liegen. Einerseits gewinnt das angstvoll Abgewehrte nur noch an Bedrohung, wenn es im Dunkeln gehalten wird, und andererseits geht mit der Ausblendung eines ganzen Lebensbereiches zugleich all das verloren, was an Hilfreichem und Lebensförderndem in ihm liegen könnte. Grauenvolle Vaterbilder werden nicht durch Verdrängung entmachtet, sondern durch die erlösende Erfahrung von verlässlicher, aufwertender und fürsorglicher Zuwendung.

DIE GRENZE ALLER GOTTESBILDER

Freilich gilt es vor allem neuen Entdecken von Vaterschaft und Vaterbildern auf ein generelles Problem jeder Rede von Gott einzugehen. Nicht etwa aufgrund moderner Kritik und Aufklärung, sondern infolge des biblischen Zeugnisses seit den alttestamentlichen Propheten ist nachdrücklich festzuhalten, dass zwischen den eigenen Gottesvorstellungen und Gott selbst, zwischen den Bildern und Begriffen, die wir als Menschen mit Gott verbinden, und der Person des ewigen und transzendenten Gottes ein grundlegender Unterschied besteht. Sosehr wir als Menschen eine personale Beziehung gar nicht anders als in Analogie zu anderen, menschlichen personalen Beziehungen denken können, sosehr dürfen wir niemals Gottes prinzipielles Anderssein vergessen. Und sosehr wir Gottes Liebe nicht rein abstrakt aussagen können, sondern auf Analogien und Vergleiche aus der zwischenmenschlichen Erfahrung angewiesen sind, sosehr gilt: Gott ist nicht Mensch; und als Menschen können wir Gott von uns aus nie umfänglich verstehen und angemessen zum Ausdruck bringen. Unsere *Gottesbilder* sind grundsätzlich zu unterscheiden von *Gott selbst;* Gott steht über allen unseren Vorstellungen von ihm und geht niemals in ihnen auf.

Damit sind wir freilich in aller Seelsorge und Verkündigung, in allem theologischen Denken und persönlichen Glauben vor eine enorme Aufgabe gestellt: Wie sollen wir das Unbeschreibliche beschreiben und das Unbegreifliche auf den Begriff bringen? Wie können wir das Unsichtbare vor Augen stellen, und womit sollen wir das Unvergleichliche vergleichen? Angesichts dieser Herausforderung müssen wir sicherlich eingestehen, dass wir oft viel zu naiv und vielleicht auch viel zu profan von Gott geredet haben. Haben wir nicht häufig in unserem Denken und Reden den grundsätzlichen Unterschied zwischen unserer Vorstellung von Gott und Gott selbst vernachlässigt und unsere eigenen Gottesbilder mit Gott selbst identifiziert? Meinten wir nicht gelegentlich, Gott bereits genau zu kennen und über ihn »im Bilde« zu sein? Es ist ja bekanntlich schon für unsere zwischenmenschlichen Beziehungen verhängnisvoll, wenn wir meinen, unsere Gegenüber genau zu kennen und sie auf unser Bild und unsere Vorstellung von ihnen festlegen zu können. Hier aber reden wir nicht nur von dem Geheimnis einer menschlichen Person, sondern von dem Geheimnis der Person des ewigen Gottes, der als Schöpfer und Erlöser von allen Geschöpfen ganz grundsätzlich zu unterscheiden ist. So erweist es sich als notwendig, dass wir unsere eigene Gottesvorstellung immer wieder aufs Neue prüfen und korrigieren lassen, dass wir nach Gott selbst jenseits unserer Bilder und Vorstellungen fragen.

Gerade bei unserem Bekenntnis zu »Gott als Vater« ergibt sich diese Herausforderung also sowohl aus *grundsätzlichen* wie auch aus konkret *inhaltlichen* Gründen. Denn sogar unsere sogenannten »christlichen« Anschauungen über Gott sind häufig viel stärker durch negative menschliche Erfahrungen und Traditionen bestimmt als durch Christus selbst. Weil wir zutiefst geprägt sind durch die Beziehungen und Begegnungen unserer Kindheit, trägt auch unser Bild von Gott als Vater allzu leicht die Züge unserer menschlichen Väter. Falls uns durch deren Zuwendung vor allem Geborgenheit, Zuversicht und Selbstwertgefühl vermittelt worden sind, kann uns das Erleben dieser menschlichen Zuneigung durchaus dazu verhelfen, dass wir die zentralen Inhalte des Glaubens besser verstehen und leichter nachvollziehen können. Unsere konkrete

Erfahrung menschlicher Liebe, die zwar unvollkommen, aber »sichtbar« ist, wird dabei zum Bild und Gleichnis für die Liebe Gottes, die zwar »unsichtbar«, aber vollkommen ist.

Wenn wir jedoch unsere Väter vorrangig als bedrohend, einschränkend und ablehnend erlebt haben, wird die unwillkürliche und unbewusste Verknüpfung unserer Vorstellungen und Empfindungen hingegen verheerende Folgen haben: Anstatt unsere menschlichen Beziehungen vom Glauben her neu zu gestalten und negative Erfahrungen mit menschlichen Autoritäten im Bewusstsein der Zuwendung Gottes zu uns allmählich zu bewältigen, werden wir aufgrund unserer Prägung alle Aussagen über Gott unserem eigenen Gottesbild entsprechend umdeuten und verdrehen.

Dann aber führt für uns kein Weg daran vorbei, uns ganz bewusst mit den verinnerlichten Botschaften und Forderungen unserer Väter auseinanderzusetzen, damit wir uns wirklich von Gott selbst und nicht von irgendwelchen menschlichen Gottesbildern bestimmen lassen. Dann gilt es, alle Stimmen und Gedanken, die »wie Eltern« zu uns sprechen, kritisch zu hinterfragen, bis wir den Geist des Vaters Jesu Christi unterscheiden lernen von dem Geist ganz anderer Väter. Selbst wenn wir mithilfe der Guten Nachricht Christi wirklich auf *Gottes* Reden hören wollen, erhebt sich noch die Frage, ob wir nicht etwas anderes verstehen, als er sagt. Für viele von uns ist dementsprechend das »kindliche«, vorbehaltlose Vertrauen zu Gott durchaus nicht Kennzeichen des »jungen« Glaubens, sondern vielmehr Ergebnis eines langen Entwicklungsprozesses und Ausdruck der Reife.

DER »RICHTIGE« VATER

Wir haben unsere Betrachtungen mit Eph 3,14 ff. eröffnet, weil hier das kritische Potenzial unserer Rede von Gott als Vater in dem positiven Bekenntnis zu ihm als dem »rechten Vater« – d. h. zu dem Vater, von dem her alle Vaterschaft benannt wird und in dem alle Vaterschaft ihren Maßstab hat – aufleuchtet. Wenn es stimmt, dass nur *einer* im umfassenden und letztgültigen Sinne die Bezeichnung »Vater« verdient, nämlich der Vater Jesu Christi und Schöpfer von allem, was im Himmel und auf der Erde ist, dann sollten wir unsere Denkrichtung bei der Rede von der »Vaterschaft« eigentlich umkehren. Gott ist nicht so wie ein menschlicher Vater, sondern menschliche Väter müssen sich in ihrer Vaterschaft an der Barmherzigkeit und Treue, an der Geduld und Hilfsbereitschaft ihres himmlischen Vaters messen lassen. Oder um es mit den Worten Jesu zu sagen: »Seid barmherzig, wie auch euer Vater barmherzig ist« (Lk 6,36) – »Darum sollt ihr vollkommen sein, wie euer Vater im Himmel vollkommen ist« (Mt 5,48).

Gott ist somit – nicht nur bei negativen eigenen Kindheitserfahrungen, sondern theologisch ganz grundsätzlich – keinesfalls als Verlängerung und Überhöhung menschlicher Vaterschaft zu denken, zu fühlen und zu beschreiben, sondern immer zugleich in klarer Abgrenzung und deutlicher Differenzierung. Gott ist nicht der »Übervater«, der alle menschliche Vaterschaft rechtfertigt, stützt und bestätigt, sondern er ist gerade darin der eine und einzige himmlische Vater, dass er selbst Maßstab und Wegweisung, aber auch Kriterium und Richter eines jeden »väterlichen« Verhaltens unter den Menschen ist.

Jesus geht in Mt 23,8.9 hinsichtlich der übertragenen Ehrenanrede von menschlichen Autoritäten sogar so weit, dass er die »Vateranrede« überhaupt nur für seinen himmlischen Vater gelten lässt, von dem er alle anderen als Geschwister auf gleicher Ebene grundsätzlich unterscheidet: »Aber ihr sollt euch nicht Rabbi nennen lassen; denn einer ist euer Meister; ihr aber seid alle Brüder. Und ihr sollt niemanden unter euch Vater nennen auf Erden; denn einer ist euer Vater, der im Himmel ist.« Es kann keine Frage sein, dass dieses kritische Potenzial gerade für diejenigen, die von »Vätern« in ihrem Leben viel Enttäuschung und Leid erfahren mussten, die also ein gebrochenes Vaterbild haben, von ganz enormer Bedeutung sein kann. Gott ist nicht wie mein Vater, sondern er ist grundsätzlich und wesentlich anders! Notwendig ist die Erkenntnis des Andersseins Gottes freilich auch für diejenigen, die sich bisher ganz ungebrochen in ihrem Gottesbild an Menschen orientierten, statt Menschen von Gott her zu schätzen und zugleich relativ und vorläufig sein zu lassen.

DIE BIBLISCHE REDE VON GOTT ALS VATER

Wenn wir mit der biblischen Tradition in einer personalen Weise von Gott als »Vater« reden, dann mag es uns fast als selbstverständlich erscheinen, was es in der Umwelt des Alten und Neuen Testaments aber in dieser Form gar nicht ist. In den Religionen des alten Orients und der griechisch-römischen Antike wird von der Vaterschaft Gottes eher in einem mythischen Sinne gesprochen, um eine naturhaft-physische Abstammung aller Menschen von Gott bzw. den Göttern zu bezeichnen. Durch die »Urzeugung« aus Gott sind die Menschen ihm verwandte Kinder. Philosophisch gesprochen haben alle »Seienden« an Gott als »Sein« teil. So kann die Vateridee – kosmologisch entfaltet – die Beziehung des »Allvaters« zum gesamten Kosmos darstellen, der von ihm durchdrungen ist.

Im Alten und Neuen Testament freilich wird von der Vaterschaft Gottes nicht in kosmologischen oder naturhaft-physischen Zusammenhängen gesprochen, und von einer göttlichen Natur der Menschen ist im Gegenüber von

Schöpfer und Geschöpf keineswegs die Rede. Auch wird mit den Begriffen des Vaterseins Gottes und des Kindseins von Menschen gerade nicht das Allgemeingültige, Universale und Selbstverständliche bezeichnet, sondern das Geheimnis der göttlichen Erwählung und Berufung von irdischen, vergänglichen Menschen durch den ewigen Gott. Es geht bei der »Vaterschaft« Gottes nicht um die Kennzeichnung der natürlichen menschlichen Herkunft, sondern um die Hervorhebung der erlösenden göttlichen Zuwendung und Annahme. Denken wir nur an den unvergleichlichen Zuspruch Gottes gegenüber dem Davididen am Tag seiner Inthronisation zum König über Israel in Ps 2,7: »Du bist mein Sohn, heute habe ich dich gezeugt.« Gott, der Schöpfer, erwählt und beruft Menschen, die von ihm als Geschöpfe *wesentlich unterschieden* sind, und eröffnet durch sein Wort zu ihnen eine *personale Beziehung*, die mit der persönlichen und familiären Beziehung eines Vaters zu seinen Kindern verglichen werden kann.

GOTT ALS VATER IM ALTEN TESTAMENT

Angesichts der herausragenden Bedeutung der *personalen Beziehung* für die biblische Tradition mag es zunächst verwundern, dass von den ca. 1180 Belegen für das Wort »Vater« im Alten Testament nur 13 im spezifisch religiösen Sinne zu verstehen sind.[32] Hinzu kommen noch einzelne Vergleiche mit dem irdischen Vater – wie in Ps 103,13 und Spr 3,12 – und Belege für die »Sohnschaft« Israels wie Hos 11,1 ff.; 5. Mose 1,31; 8,5. In dem vorsichtigen Gebrauch der Gottesbezeichnung »Vater« kommt in alttestamentlicher und frühjüdischer Zeit durchaus eine respektvolle und ehrfürchtige Zurückhaltung zum Ausdruck, die um das Ungewöhnliche und Außerordentliche einer solch persönlichen und vertrauten Anrede Gottes weiß. Zudem wird die Bezeichnung auch nicht auf den einzelnen Gläubigen bezogen, sondern kollektiv auf das erwählte Volk insgesamt bzw. individuell nur auf den von Gott erwählten und gesalbten König. Untersucht man aber die wenigen Belege für den eindeutig religiösen Gebrauch, dann ist man von der Aussagekraft und Eindeutigkeit der Beschreibung Gottes als Vater beeindruckt.

Uns allen vertraut ist die Aussage in dem »Hohenlied der Barmherzigkeit Gottes«, Ps 103,13 f.: »Wie sich ein Vater über Kinder erbarmt, so erbarmt sich der Herr über die, die ihn fürchten. Denn er weiß, was für ein Gebilde wir sind, er gedenkt daran, dass wir Staub sind.« Im Wissen um das Angewiesensein der Menschen handelt Gott an ihnen mit väterlicher Nachsicht und verzeiht ihnen: »Denn so hoch der Himmel über der Erde ist, lässt er seine Gnade walten über denen, die ihn fürchten. So fern der Morgen ist vom Abend, lässt er unsre Übertretungen von uns sein« (Ps 103,11 f.). Gott verhält sich seinem Volk gegenüber wie ein Vater; doch worin bestehen seine väterlichen Eigenschaften und Verhaltensweisen? Was macht das Vatersein Gottes aus? Gott wird im 103. Psalm als derjenige gelobt und besungen, »der dir alle deine Sünde vergibt und heilet alle deine Gebrechen, der dein Leben vom Verderben erlöst, der dich krönet mit Gnade und Barmherzigkeit« (V. 3 f.).

Sosehr es bei diesem Vergleich selbstverständlich um ein Beispiel aus einer patriarchalen Gesellschaft geht und sosehr Gott in der gesamten biblischen Tradition selbstredend als die dem Menschen prinzipiell überlegene Autorität – nämlich als Schöpfer und Herr der ganzen Welt – bekannt wird, so ist hier doch jeweils die Frage interessant, warum er gerade mit einem »Vater« und eben nicht mit einem »König« oder einem anderen menschlichen »Herrn« oder »Gebieter« verglichen wird. Im Gegensatz zu mancher menschlichen Erfahrung und Enttäuschung steht die »Vaterschaft« hier für Gottes *Barmherzigkeit*, für seine *voraussetzungslose und bedingungslose Zuwendung*, die das Versagen und Angewiesensein, die Unzulänglichkeit und Hilfsbedürftigkeit seiner Kinder liebevoll im Blick hat und in seine Planungen einbezieht. So wie ein kleines Kind seinen liebenden Vater mit seiner Schwachheit wohl kaum enttäuschen kann, weil seine Voraussetzungen und Grenzen diesem stets bewusst sind, so können auch Gottes Kinder ihren himmlischen Vater mit ihren Sünden nicht überraschen oder »enttäuschen«, weil dieser sie kennt und in seiner Barmherzigkeit umfassend trägt und bewahrt. Nicht Strenge, Leistungsforderung oder an Bedingungen geknüpfte Anerkennung finden sich in der Geborgenheit dieses Psalms, sondern eine für unser eigenes Vaterbild vielleicht überraschende Zärtlichkeit, Fürsorge und Wärme.

In Jer 3,19.22 spricht Gott zu seinem erwählten und aus Ägypten befreiten Volk Israel durch den Mund des Propheten: »Und ich dachte: Wie will ich dich halten, als wärst du mein Sohn, und dir das liebe Land geben, den allerschönsten Besitz unter den Völkern! Und ich dachte, du würdest mich dann ›Lieber Vater‹ nennen und nicht von mir weichen … Kehrt zurück, ihr abtrünnigen Kinder, so will ich euch heilen von eurem Ungehorsam. Siehe, wir kommen zu dir; denn du bist der Herr, unser Gott.« Was war der Zweck und was das Anliegen Gottes, als er Israel erwählte? Wir würden vermutlich antworten, dass er sich ein Volk erwählte, um unter ihnen und über sie als König zu regieren, oder dass er ein Volk segnete, um durch dieses Volk die anderen Völker zu erreichen und zu segnen. Hier aber werden als tiefster Wunsch und wahre Absicht Gottes bei seiner Erlösung und Begleitung Israels in der Wüste bis hin zum Einzug in das verheißene Land herausgestellt, dass Gott von seinen Kindern zärtlich und vertrauensvoll als »Lieber Vater!«, »Mein Vater!« angerufen werden wollte. Zu dem Gott, der sich wie ein liebender Vater nach der Zuneigung seiner Kinder sehnt, soll sich Israel wieder in Treue hinwenden, um sich helfen zu lassen. Gottes eigentliche Absicht ist die Wiederherstellung einer wechselseitigen vertrauensvollen Beziehung auf der Basis unbedingter Liebe. Diese persönliche und vertrauensvolle direkte Anrede Gottes mit »Lieber Vater!«, »Mein Vater!« in Jer 3,4.19 bildet innerhalb der alttestamentlichen Überlieferung einen Höhepunkt und lässt erstmalig den später in den christlichen Gemeinden verbreiteten, noch intimeren Gebetsruf »Abba, lieber Vater!« vorahnen (Röm 8,15; Gal 4,6; vgl. Mt 6,9 ff.; Lk 11,1 ff.), zu dem Jesus selbst sie angeleitet und ermächtigt hat (Mk 14,36; s. u.).

Bei den Worten von Jer 3,19 ff. werden wir zugleich an die bewegende Gottesrede in Hos 11,1 ff. erinnert: »Als Israel jung war, hatte ich ihn lieb und rief ihn, meinen Sohn, aus Ägypten; aber wenn man sie jetzt ruft, so wenden sie sich davon und opfern den Baalen und räuchern den Bildern. Ich lehrte Ephraim gehen und nahm ihn auf meine Arme; aber sie merkten's nicht, wie ich ihnen half« (Hos 11,1-3). Und trotz aller fehlenden Bereitschaft zur Umkehr hält Gott dennoch in »brennender Barmherzigkeit« an Israel fest: »Wie kann ich dich preisgeben, Ephraim, und dich ausliefern, Israel? ... Mein Herz ist andern Sinnes, alle meine Barmherzigkeit ist entbrannt« (Hos 11,8). Was wird auch hier wieder durch das Verhältnis von Vater und Sohn zum Ausdruck gebracht? Es ist Gottes unbedingte Liebe und zärtliche Hilfsbereitschaft, aufgrund deren er Israel einst erwählte und errettete, wie ein Vater seinem Sohn in fürsorglicher Begleitung das Laufen beibringt und ihn in Gefahrensituationen auf den Armen trägt. In seiner Zuneigung nahm Gott sie auf und trug sie den langen Weg der Wanderung schützend auf seinem Arm (vgl. 5. Mose 1,31; Jes 63,9). Und es ist Gottes väterliche grenzenlose Treue zu seinem verirrten und uneinsichtigen Kind, aus der heraus das Herz über allen verständlichen Zorn siegt: »Mein Herz ist andern Sinnes, alle meine Barmherzigkeit ist entbrannt.«

Das Bild eines tröstenden, verständnisvollen und hilfsbereiten Vaters, dem angesichts des Elends seines Kindes fast das Herz bricht, leuchtet auch an Stellen wie Jer 31,9.20 auf: »Sie werden weinend kommen, aber ich will sie trösten und leiten. Ich will sie zu Wasserbächen führen auf ebenem Wege, dass sie nicht zu Fall kommen; denn ich bin Israels Vater, und Ephraim ist mein erstgeborener Sohn … Ist nicht Ephraim mein teurer Sohn und mein liebes Kind? Denn sooft ich ihm auch drohe, muss ich doch seiner gedenken; darum bricht mir mein Herz, dass ich mich seiner erbarmen muss, spricht der Herr.« Und in Jes 63,16 schließlich wird der Gott, der das Gottesvolk einst »erlöste, weil er sie liebte und Erbarmen mit ihnen hatte« (Jes 63,9) unter Berufung auf seine »große, herzliche Barmherzigkeit« um seine erneute Zuwendung gebeten: »Bist *du* doch unser Vater; denn Abraham weiß von uns nichts, und Israel kennt uns nicht. Du, Herr, bist unser Vater; ›Unser Erlöser‹, das ist von alters her dein Name.«

WIE EINEN SEINE MUTTER TRÖSTET

Schon im Alten Testament wird bei dem Vergleich der Zuwendung Gottes zu Israel mit der Zuneigung eines Vaters zu seinen Kindern auf Eigenschaften abgehoben, die nach unserer neuzeitlichen Tradition beim Vaterbild nicht unbedingt bestimmend sind: nicht emotionale Distanz, sondern liebevolle Zuneigung, nicht fordernde und an Bedingungen geknüpfte Zuwendung, sondern unbedingte Barmherzigkeit und zärtliche Hilfsbereitschaft, nicht strafende Härte gegenüber dem Irrenden, sondern Vergebungsbereitschaft und tröstende Annahme. Damit werden wir unweigerlich an die anfängliche Erkenntnis erinnert, dass nach dem biblischen Zeugnis nicht Gott wie unsere irdischen Väter ist, sondern wir als menschliche Väter bei Gott lernen sollen, was es heißt, Vater zu sein. Er ist der eine »rechte Vater«, von dem her alle Vaterschaft benannt wird und in dem alle Vaterschaft ihren Maßstab hat (Eph 3,14 f.).

Noch stärker wird unser traditionelles Vaterbild freilich aufgebrochen, wenn Gott in der anschaulichen Sprache der Propheten und Psalmisten ausdrücklich Eigenschaften zugeschrieben werden, die nach herkömmlichen Vorstellungen als typisch »weiblich« gelten: So findet der Beter in seinem Vertrauen zu Gott Geborgenheit, Befriedigung und Sicherheit – wie ein gestilltes Kind bei seiner Mutter (Ps 131,2). Zur Beteuerung der Treue Gottes wird auf die unbedingte Liebe einer Mutter zu ihrem eigenen Kind verwiesen, das sie unter keinen Umständen im Stich lassen würde – noch weniger will Gott sein eigenes Volk vergessen (Jes 49,15). Vielmehr wird er sich ihnen liebevoll zuwenden und sie trösten, wie eine Mutter ihr kleines Kind tröstet (Jes 66,13). Dementsprechend werden Glück und Geborgenheit der uneingeschränkten Gemeinschaft Gottes mit den Menschen durch die Verheißung beschrieben, dass Gott alle Tränen von ihren Augen abwischen wird – dann, wenn er durch sein endgültiges Eingreifen alles Leiden, alle Schmerzen, alles Weinen, ja selbst den Tod aufheben wird.[33]

Zwar wird Gott in der biblischen Überlieferung keineswegs als »Mutter« angesprochen, jedoch gilt es desto nachdrücklicher festzuhalten, dass Gott keineswegs im menschlichen und traditionellen Sinne als »männlich« verstanden wird – weil er eben kein Mensch, sondern Gott ist und schon von den Engeln im Himmel bezeugt wird, dass sie nicht der menschlichen Polarität von männlich und weiblich unterliegen (Mk 12,25).

WIE SICH EIN BRÄUTIGAM ÜBER SEINE BRAUT FREUT

In nochmals ganz anderer Weise wird ein menschlich enggeführtes Gottesbild dort aufgebrochen, wo die Propheten und Apostel in ihrer kühnen Verkündigung das Verhältnis Gottes zu seinem Volk und das Verhältnis Christi zu seiner Gemeinde im Sinnbild der erotischen Liebe und der Hochzeitsfeier vor Augen stellen.[34] So verheißt Gott schon durch Hosea seinem Volk, dass er sich mit ihnen »verloben will« und sie ihn »Mein Mann« (Hos 2,18) nennen sollen: »Ich will mich mit dir verloben für alle Ewigkeit, ich will mich mit dir verloben in Gerechtigkeit und Recht, in Gnade und Barmherzigkeit. Ja, in Treue will ich mich mit dir verloben, und du wirst den Herrn erkennen« (Hos 2,21 f.).

In der erschütternden bildhaften Darstellung der Geschichte Jerusalems in Hesekiel 16 blickt Gott zunächst auf seine liebevolle Erwählung und Annahme des nach der Geburt ausgesetzten, unversorgten und nackten Säuglings zurück, dem er verbindlich zusprach: »Du sollst leben!« Gegenüber der in Schönheit Herangewachsenen verhält sich Gott nach Hesekiel dann wie ein werbender Mann: »Da breitete ich meinen Mantel über dich und bedeckte deine Blöße. Und ich schwor dir's und schloss mit dir einen Bund, spricht Gott der Herr, dass du solltest mein sein« (Hes 16,8).

Die eindrücklichste und ausgeführteste Darstellung des Vergleichs Gottes mit einem Bräutigam findet sich wohl in Jes 62,4 f., wenn Gott durch den Propheten seiner Stadt Jerusalem jenseits ihrer selbstverschuldeten Leiderfahrung zusagt: »Man soll dich nicht mehr nennen ›Verlassene‹ und dein Land nicht mehr ›Einsame‹, sondern du sollst heißen ›Meine Lust‹ und dein Land ›Liebe Frau‹; denn der Herr hat Lust an dir, und dein Land hat einen lieben Mann. Denn wie ein junger Mann eine Jungfrau freit, so wird dich dein Erbauer freien, und wie sich ein Bräutigam freut über die Braut, so wird sich dein Gott über dich freuen.« An diese unübertroffenen Beschreibungen der leidenschaftlichen Zuneigung und verbindlichen Zuwendung Gottes zu seinem Volk können dann die Beschreibung der kommenden Heilszeit als Hochzeitsfest und die Bezeichnungen Christi als Bräutigam und der Gemeinde als seiner Braut im neutestamentlichen Zeugnis unmittelbar anschließen.[35]

DIE GEFAHREN DER »MENSCHLICHEN« REDE VON GOTT

Durch diese positiven Bilder und Vergleiche aus der menschlichen Wirklichkeit wird unseren einseitigen und verengten Anschauungen von Gott, wie sie sich durch negative menschliche Erfahrungen ergeben können, eindeutig und eindringlich entgegengewirkt. Allerdings müssen wir uns auch hierbei noch einer grundsätzlichen Grenze der bildhaften Rede von Gottes »väterlicher« bzw. »mütterlicher« Zuwendung zu uns bewusst werden.

Bei jeder positiven menschlichen Eltern-Kind-Beziehung ist es das erklärte Ziel der Erziehung, das Kind zu einer Selbstständigkeit anzuleiten, in der es von den Eltern unabhängig wird, es bei seinem Entwicklungsprozess so zu fördern, dass es auf die Hilfe der Eltern schließlich nicht mehr angewiesen ist. Der Vorsprung an Erfahrung und Reife soll so weit verringert werden, dass die Kinder selbst als »Erwachsene« eigenverantwortlich leben können.

Nun fällt es Eltern nicht selten schwer, ihre Kinder in die Unabhängigkeit zu entlassen und sie als selbstständige Persönlichkeiten anzuerkennen. Anstatt eine neue, partnerschaftliche Beziehung zu ihnen anzustreben, versuchen sie in ihren erwachsenen Töchtern und Söhnen immer noch die unmündigen Kinder zu sehen. Sie beziehen ihre Bestätigung aus ihrer vermeintlichen Unentbehrlichkeit für andere und verstehen sich von der Schwachheit der anderen her. Selbst bei dem Bild der erotischen Liebe und der Ehe ist die Gefahr des Missverständnisses noch nicht an sich ausgeschlossen, da auch in partnerschaftlichen Beziehungen gelegentlich die Symbiose der wechselseitig Abhängigen anstatt der ausgeglichenen Gemeinschaft der Eigenständigen gesucht und gelebt wird.

Wenn wir uns an diesem Punkt nicht des entscheidenden Unterschieds zwischen der Beziehung zu Gott und zu unseren Eltern oder anderen Bezugspersonen bewusst sind, hat es schlimme Konsequenzen für unser Gottesbild und für unsere Selbsteinschätzung. Während wir uns nämlich in menschlichen Beziehungen abgrenzen müssen, um unsere Selbstständigkeit und Reife zu gewinnen, gründet unsere Selbstentfaltung und Freiheit im Glauben gerade darin, dass wir unser ganzes Leben uneingeschränkt von Gott her verstehen und gestalten.

Wie wir vom Leben selbst nie unabhängig werden, solange wir leben, so bleiben wir als Menschen auch stets angewiesen auf Gott – und zwar nicht infolge einer Fehlentwicklung, sondern grundsätzlich, weil er als Schöpfer Ursprung allen Lebens und Quelle aller wahren Liebe ist. Deshalb ist es durchaus als positiv und folgerichtig anzusehen, wenn wir Gott gegenüber eine immer vorbehaltlosere und offenere Haltung gewinnen, ihn – als das Leben und die Liebe – immer mehr beanspruchen, d. h. ihm immer »kindlicher« vertrauen.

In Hinsicht auf dieses bleibende und prinzipielle Gefälle zwischen Gott als Vater und uns als seinen Kindern sind wir also an die Grenze aller menschlichen Vergleiche gestoßen. Denn Gottes Größe ist nicht in unserem Kleinsein begründet, und seine Stärke ergibt sich nicht erst durch unser Angewiesensein. Gott lebt nicht von unserer Schwachheit – aber er ist bereit, mit ihr zu leben.

GOTT ALS DER VATER JESU CHRISTI

Doch kommen wir auf den biblischen Befund zurück. Während sich in der alttestamentlichen Überlieferung die Bezeichnung Gottes mit »Vater« also eher selten – wenn auch in gewichtigen Zusammenhängen – findet,[36] ändert sich dies im Neuen Testament ganz deutlich. Bei 414 Belegen insgesamt ist die Bezeichnung »Vater« 245-mal konkret auf Gott und also nicht auf einen menschlichen Vater bezogen, d. h. in weit über der Hälfte der Fälle. Und wenn wir uns bewusstmachen, dass allein das Johannesevangelium 100-mal von Gott als »Vater« spricht, dann ahnen wir, dass für den Evangelisten Johannes wie für den Verfasser der Johannesbriefe die Bezeichnung »Vater« gera-

dezu zum Synonym für Gott und zur Gottesbezeichnung schlechthin wird. »Der Vater« ist
gleichbedeutend mit dem »Vater Jesu Christi«.
Wie ist es dazu gekommen?

Die theologisch gewichtigste und zugleich
historisch gesehen plausibelste Erklärung für
die ungewöhnliche Steigerung der Anrede und
Bezeichnung Gottes mit Vater ist in der Tatsache zu sehen, dass Jesus selbst während seines
irdischen Wirkens seinen himmlischen Vater mit
»Abba« – »Lieber Vater«, »Mein Vater« – im
Gebet anrief und gegenüber seinen Jüngern von
Gott als Vater sprach.[37] Die beeindruckendste
Spur haben wir dafür sicherlich in Mk 14,36
zu sehen, weil der Evangelist hier beim Gebet
Jesu in Gethsemane selbst für seine heiden-
christlichen Leser, für die er ansonsten in Grie-
chisch schrieb, die ursprüngliche aramäische
Anredeform »Abba!« noch mit überliefert.
Abgesehen von dem Kreuzesruf Mk 15,34 par.,
in dem der Gekreuzigte mit den Worten des
22. Psalms betet, hat Jesus seinen himmlischen
Vater wohl durchgängig mit »Vater« angespro-
chen und überwiegend von ihm persönlich als
Vater gesprochen, was der griechische Text der

Evangelien und dementsprechend die deutsche Übersetzung variierend mit »Vater«, »der Vater« oder »mein Vater« überliefert.[38]

Nicht nur die Aramäisch sprechende Urgemeinde, sondern offensichtlich die gesamte – auch heidenchristliche – frühe Kirche hat diese Gottesanrede von ihrem Herrn und auf seine Weisung hin übernommen, was wir sehr schön an den beiden anderen Abba-Belegen im Neuen Testament erkennen können. Sowohl in Gal 4,6 als auch in Röm 8,15 setzt Paulus nämlich in seinen Schreiben an überwiegend heidenchristliche Gemeinden voraus, dass sie Gott mit der geprägten zweisprachigen Wendung »Abba, lieber Vater!« anrufen.

Indem sie als Christinnen und Christen Gott so ansprechen, wie es nur Jesus Christus in seiner einmaligen Beziehung zum Vater von sich aus tun konnte (Mk 14,36), handeln sie nicht allein in seinem *Sinne* – denn er hat seine Jünger gelehrt, Gott mit »Unser Vater« anzurufen (Lk 11,1 ff.; Mt 6,9 ff.) –, sondern zugleich »in seinem *Geist*« (Röm 8,15; Gal 4,6). Die Kindschaft der an Christus Glaubenden ist nämlich darin begründet, dass er selbst als der Sohn Gottes durch seinen Geist in ihnen wohnt und sie gerade dadurch ebenfalls zu Töchtern und Söhnen Gottes macht. So wird für sie wie für uns heute noch die persönliche Anrede Gottes mit Abba zum Zeichen dieser Gegenwart des Geistes seines Sohnes – und dessen Gegenwart in den Gläubigen zur Bestätigung und Garantie dafür, dass sie bleibend Gottes Kinder sind (vgl. Röm 8; 2. Kor 1,22; 5,5).

Grundlage für dieses einmalige Gottesverhältnis, das sich in der zärtlichen vertrauensvollen Gebetsanrede »Abba, lieber Vater!« ausdrückt, ist nach dem Neuen Testament nun keineswegs ein gesteigertes Selbst- und Gottesbewusstsein eines gewöhnlichen Menschen Jesus von Nazareth, das sich seine Nachfolger zu eigen machen, sondern die einmalige Gottesbeziehung, die Jesus Christus nicht erst durch die Auferweckung von den Toten, sondern von Anfang an gehabt hat. Gerade die Schriften, die die enge Beziehung zwischen dem einen Gott als Vater und Jesus Christus als Sohn – und infolge die Gottesbezeichnung »Vater« – besonders hervorheben, bezeugen zugleich in eindeutiger Klarheit, dass sie von der einzigartigen Gottessohnschaft Jesu seit Beginn seines Wirkens, ja seit seiner Geburt, ja sogar seit Grundlegung der Welt in der Präexistenz des Sohnes beim Vater ausgehen.[39]

Nur wenn Christus als dieser *eine* »Sohn Gottes« verstanden werden darf und er in Einheit mit seinem himmlischen Vater gesehen wird, ist es nachvollziehbar, dass von *seiner* Zuwendung und Lebenshingabe für die Seinen – bis hin zum Tode am Kreuz – auf die Einstellung *Gottes, seines Vaters*, dieser Welt gegenüber geschlossen werden kann: »Darin ist erschienen die Liebe Gottes unter uns, dass Gott seinen eingebornen Sohn gesandt hat in die Welt, damit wir durch ihn leben sollen. Darin besteht die Liebe: nicht, dass wir Gott geliebt haben, sondern dass er uns geliebt hat und gesandt seinen Sohn zur Versöhnung für unsre Sünden« (1. Joh 4,9 f.; vgl. Joh 3,16). – »Gott aber erweist seine Liebe zu uns darin, dass Christus für uns gestorben ist, als wir noch Sünder waren … Wenn wir mit Gott versöhnt worden sind durch den Tod seines Sohnes, als wir noch Feinde waren, um wie viel mehr werden wir gerettet werden durch sein Leben, nachdem wir nun versöhnt sind« (Röm 5,8.10; vgl. Röm 8,31 f.; Eph 2,4 ff.).

GOTT ALS LIEBENDER VATER

Nun reicht es nicht, anhand des Neuen Testamentes aufzuzeigen, dass das Evangelium Jesu Christi als Wort von Gottes umfassender Liebe und väterlicher Zuwendung verstanden und entfaltet worden ist. Wir müssen vielmehr weiterfragen, welche Konsequenzen sich daraus für unser Verständnis von Gott ergeben. Denn häufig stehen ja gerade diese – durchaus vertrauten – biblischen Aussagen in Spannung zu unseren herkömmlichen Vorstellungen und inneren Bildern von Gott als Vater. Bestand nicht zwischen Gott und uns vor dem Sterben Christi der Zustand beidseitiger Feindschaft, und galt uns nicht anstatt der Liebe Gottes vorher nur sein Zorn? Musste nicht Christus zunächst den Vater mit uns versöhnen, sodass die Zuwendung Gottes zu uns lediglich als das Ergebnis der Vermittlung Christi zu verstehen ist?

Betrachten wir zur Klärung dieser Widersprüche exemplarisch die beiden Stellen, an denen Paulus vom Versöhnungsgeschehen in Christus spricht, dann muss uns wundern, wie weit sich gängige Interpretationen von den Aussagen der Texte selbst entfernen können (Röm 5,1-11; 2. Kor 5,14-21). Zunächst fällt auf, dass die im Kreuz vollzogene Versöhnung gar nicht Gott gilt, sondern *uns*. Christus musste nicht Gott, den Vater, mit uns versöhnen, sowenig der Vater selbst durch Christus *sich* mit uns versöhnen musste, sondern *uns* versöhnte der Vater von sich aus in Christus (2. Kor 5,18-20). Da somit die Versöhnung von Gott selbst ausgeht, kann von Feindschaft nur in Hinsicht auf unsere einseitige Ablehnung und Auflehnung Gott gegenüber gesprochen werden.

Die Einstellung des himmlischen Vaters zu uns erweist sich hingegen darin, dass Christus für uns sein Leben gelassen hat – für uns als die Schuldigen, die zum Frieden »Unfähigen« und gegen Gott »feindlich« Gesinnten (Röm 5,6-10). Wenn aber der Vater Jesu Christi selbst seine Feinde noch so grenzenlos liebt, dass er von sich aus alle Grenzen überwindet und unternimmt, was eigentlich den Schuldigen zukäme, dann ist seine Zuwendung nicht erst die *Folge* und das *Ergebnis*, sondern der eigentliche *Grund* und die *Voraussetzung* der Versöhnung. Denn nicht sich selbst musste Gott ändern, sondern *uns*;

nicht *seine* Abneigung galt es zu überwinden, sondern *unsere* Feindschaft und *unsere* Trennung von ihm als dem Leben und der Liebe.

Von hier aus fällt auch Licht auf den – für uns heute leider recht missverständlichen – Begriff des »Zornes« Gottes. Unter Gottes Zorn haben wir seine entschiedene Ablehnung der Sünde zu verstehen; er hat auch da, wo er als »leidenschaftlich« beschrieben wird, mit menschlicher Wut und unbeherrschten Zornausbrüchen menschlicher Vaterfiguren nichts gemeinsam. Gerade weil Gott den *Sünder* liebt, wendet er sich konsequent gegen die *Sünde*, die den Menschen von Gott trennt und damit Leben und Liebe zerstört. Gerade weil Gott als Schöpfer seine Schöpfung nicht aufgegeben hat, kann er unsere Lieblosigkeit und Ungerechtigkeit, unsere Gleichgültigkeit und Ichbezogenheit nicht einfach übergehen.

Die Lösung des grundlegenden Problems des Menschen kann also nicht darin bestehen, dass Gott sein »Nein zur Sünde« aufgibt, denn dann hätte er damit auch den Sünder aufgegeben. Gott konnte sich nicht mit der *Sünde* versöhnen, aber er hat den *Sünder* mit sich versöhnt. So bedeutet Gottes Versöhnung in Christus, dass Gott in seinem »Ja zum Sünder« ihn freigemacht hat von der Isolation und Feindschaft, um deretwillen Gottes »Nein« erging.

BEGREIFEN UND ERKENNEN

Kommen wir zum Abschluss auf unsere Einführung zurück; dort lasen wir aus Eph 3,14 f. die Worte: »Deshalb beuge ich meine Knie vor dem Vater, der *der rechte Vater* ist über alles, was da Kinder heißt im Himmel und auf Erden, – vor dem Vater, von dem her alle Vaterschaft benannt wird und in dem alle Vaterschaft ihren Maßstab hat …« Es mag sein, dass die Rede von Gott als Vater für viele von uns bisher selbstverständlich gewesen ist, dennoch dürfen wir uns vom Evangelium und den Propheten her immer wieder verfremden und neu überraschen lassen. Es gibt nämlich auch eine zu große Selbstverständlichkeit und Voreiligkeit, die das Geheimnis Gottes verschüttet.

Es kann auch sein, dass die Rede von Gott als Vater für andere unter uns bisher eher besorgniserregend und bedrückend gewirkt hat, weil wir uns weniger vom Vater Jesu Christi als von allgemeinen Gottesbildern und religiösen Vorstellungen haben prägen lassen. Dann gilt es ganz gewiss, das Evangelium gegen alle anderen Botschaften in uns neu zu hören und unser ganzes inneres religiöses Empfinden und Denken durch den in uns wohnenden Christus neu begründen zu lassen.

Es wird für manche von uns auch so sein, dass sie Gott bisher als Vater gar nicht denken konnten, ohne durch die negativen eigenen biografischen Erfahrungen abgelenkt und blockiert zu werden. Dann sind wir dazu eingeladen, uns mit unseren menschlichen Vaterbildern kritisch auseinanderzusetzen und in Gott als Vater den ganz anderen, den »rechten Vater« in seiner alle Vorstellungskraft übersteigenden Liebe immer besser erkennen zu lernen.

In jedem Fall – und darin sind wir dann bei all unserer Verschiedenheit wieder zutiefst verbunden – liegt der Weg zu dem zentralen christlichen Gottesverständnis von »Gott als Vater« in der Verwirklichung dessen, was der Apostel bereits als den Inhalt seines Gebetes für

die Gemeinde in Ephesus formuliert hat: »...
dass er euch Kraft gebe nach dem Reichtum
seiner Herrlichkeit, stark zu werden durch seinen Geist an dem inwendigen Menschen, dass
Christus durch den Glauben in euren Herzen
wohne und ihr in der Liebe eingewurzelt und
gegründet seid. So könnt ihr mit allen Heiligen
begreifen, welches die Breite und die Länge und
die Höhe und die Tiefe ist, auch die Liebe Christi
erkennen, die doch alle Erkenntnis übertrifft,
damit ihr erfüllt werdet mit der ganzen Gottesfülle« (Eph 3,16-19).

»MEIN HERR UND MEIN GOTT!«

WIE EIN ZWEIFLER DEN AUFERSTANDENEN »BEGREIFT«[40]

A ls Kinder der Neuzeit tun wir uns schwer, dem traditionellen Zeugnis von der Auferstehung Jesu Glauben zu schenken; und es fällt uns als aufgeklärten Menschen nicht leicht, die Osterfreude und Begeisterung der ersten Christen über den ihnen erschienenen Herrn zu teilen. Denn das Bekenntnis zur Auferstehung des gekreuzigten Jesus ist historisch so umstritten, wie es theologisch bedeutsam ist. Dass Gott den gekreuzigten und gestorbenen Jesus am dritten Tag auferweckt hat, ist nach aller menschlichen Erfahrung gewiss eine »unglaubliche« Aussage.[41]

»UNGLAUBLICH!«

U nglaublich ist diese Aussage deshalb, weil sie als ganz »unerhört« und völlig »unwahrscheinlich« erscheint. Es widerspricht ja allem, was man je gehört und erfahren hat, dass jemand, der gestorben und bereits begraben ist, aus seinem Grab heraus in ein gänzlich *neues* Leben aufersteht. Dafür gibt es in der bisherigen Geschichte der Menschheit weder beweiskräftige Analogien noch plausible innerweltliche Erklärungen. »Unglaublich« ist die im Neuen Testament bezeugte Auferstehung des Gekreuzigten freilich auch in einer ganz anderen Hinsicht – nämlich insofern, als sie für die Geschichte der Menschheit und das Verständnis von Gott »sehr bedeutsame«, »sehr große« Folgen hat. Wenn die Osterbotschaft stimmen sollte, dann erscheint das Kreuz Jesu nicht länger als die Widerlegung seines gesamten Lebenswerkes, dann steht sein schmachvolles Sterben nicht mehr im Widerspruch zu seinem viele provozierenden Autoritätsanspruch. Vielmehr erweisen sich das Leben, das Wirken und die Verkündigung Jesu im Licht seiner Auferweckung durch den himmlischen Vater als überwältigend bestätigt. Das, was Jesus während seines irdischen Wirkens seinen Jüngern als zukünftig verkündigt hat, ist mit seiner eigenen Auferstehung und in ihm nun bereits real erfüllt: die Verwirklichung der zugesagten Gottesgemeinschaft und die befreiende Teilnahme am ewigen Leben.

Nun mag es viele überraschen, dass unsere neuzeitlichen Zweifel an diesen »unglaublichen« – d.h. »unerhörten« wie »bedeutsamen« – Konsequenzen des Ostergeschehens so modern und fortschrittlich nicht sind. Alle vier Evangelien wissen zu berichten, dass selbst die engsten Vertrauten Jesu nach dem Kreuzesgeschehen verzweifelt waren und den ersten Zeuginnen der Osterbotschaft keinen Glauben schenken wollten. Erst als der Auferstandene sich selbst »sehen« und »begreifen« ließ (Lk 24,36ff.; Joh 20,19ff.), *begriffen* die Jünger seine wirkliche Bedeutung und erkannten den Sinn seines Weges bis hin zum Kreuzesgeschehen. Aus der Wirklichkeit der Auferstehung Jesu konnten sie auf die Realität seines einzigartigen Verhältnisses zu Gott und seiner einmaligen Zugehörigkeit zu seinem himmlischen Vater zurückschließen. Fragt man nach dem *Erkenntnisgrund* des Bekenntnisses zu Jesus Christus als dem einzigartigen – d.h. einziggeborenen – »Sohn Gottes«, so kann man die Erscheinungen des Auferstandenen in der Tat als die Geburtsstunde der umfassenden Christuserkenntnis angeben. Erst als der Auferstandene dem – sprichwörtlich – zweifelnden Thomas persönlich begegnet, kann dieser ihn als seinen »Herrn und Gott« erkennen, anerkennen und bekennen (Joh 20,24-29). Und erst als der Auferstandene selbst den Emmausjüngern die Notwendigkeit seines Weges entfaltet und mit ihnen Tischgemeinschaft hat, kommt es zur umfassenden Christuserkenntnis (Lk 24,13-35).

VON OSTERN AUS GESEHEN

In der Rückschau der Auferstehungserkenntnis erahnen die Jünger, wer dieser Jesus, den sie so lange begleitet haben, in Wahrheit schon zuvor gewesen ist. Denn sosehr Gott seinem Sohn seine eigene Herrschaft mit der Auferstehung in besonderer Weise anvertraut hat,[42] sowenig wird Jesus nach neutestamentlichem Verständnis durch seine Auferweckung als ein normaler Mensch von Gott gleichsam »vergöttlicht« oder zum Sohn Gottes »adoptiert«. Es ist gerade das zentrale Anliegen der Evangelien, zu zeigen, dass Gott Jesus Christus bereits in dessen irdischem Wirken seit der *Taufe* (Mk 1,9-11),[43] eigentlich von dessen *Geburt* an (Mt 1,18-25; Lk 1,32 f.35), ja letztlich schon bei der *Schöpfung der Welt* durch sein »Wort« (Joh 1,1-18)[44] als seinen eigenen Sohn erwiesen hat.

Wollen wir den *Beginn* der Gottessohnschaft und des Herrseins Jesu benennen, so sollten wir gemäß dem Osterzeugnis der ersten Christen genau unterscheiden. Fragen wir nach dem *Erkenntnisgrund* – nach der *ratio cognoscendi* –, so antworten die neutestamentlichen Zeugen einmütig: Seit seiner *Auferstehung* wird Jesus im umfassenden Sinne als »Sohn Gottes«, als »Christus« und »Kyrios« – das heißt als Herr der Welt und der Geschichte – erkannt und bekannt.[45] Fragen wir aber nach dem *Seinsgrund* dieser Erkenntnis – also nach der *ratio essendi* –, so ist das einmütige Zeugnis aller Evangelien, dass Gott sich schon lange vor Kreuz und Auferstehung zu Jesus von Nazareth als seinem Sohn bekannt und durch ihn gewirkt hat. Die Frage nach dem *Erkenntnisgrund* des Gottseins Jesu geht also von Ostern aus *zurück*, die Frage nach dem *Seinsgrund* führt von den Anfängen her auf Ostern *hin*.

So fehlt es im Neuen Testament auch nicht an ausdrücklichen Zeugnissen dafür, dass Jesus Christus schon als Sohn bei seinem himmlischen Vater war, bevor er überhaupt als Mensch existierte[46] – dass er also nicht etwa als Mensch *Gott* wurde, sondern vielmehr als Gott *Mensch!*[47] Als der *Mensch* gewordene Sohn Gottes wird er von seinem Vater nach seinem hingebungsvollen Leben und Sterben *auferweckt*; und als der von seinem Vater *Auferweckte* wird er als der »einziggeborene« – d. h. in seinem Sein und Wesen einzigartige – *Sohn Gottes* erkannt. So beginnt das Johannesevangelium mit dem großen Christushymnus: »Im Anfang war das Wort; und das Wort war *bei Gott*; und *Gott* war das Wort…« (Joh 1,1 f.; vgl. 1,14), und mündet nach Menschwerdung, Wirken und Erhöhung Jesu in das Osterbekenntnis ein: »Mein *Herr* und mein *Gott!*« (Joh 20,28).

AM ANFANG WAR … DIE HOHE CHRISTOLOGIE

Fraglos wird diese »hohe Christologie« – d. h. diese hochreflektierte und in der himmlischen Existenz bei Gott ansetzende »Lehre von Christus« – unübertroffen im Johannesevangelium entfaltet. Und so fehlt es nicht an Einwänden, es handle sich hier um eine erst spät einsetzende dogmatische Entwicklung gegen Ende des 1. Jh. n. Chr., während das frühe Christentum Jesus noch keineswegs als Sohn Gottes und göttlichen Kyrios, sondern als »Lehrer« oder »Propheten« oder menschlichen »Messias« angesehen habe. Nicht selten wird diese Entwicklung noch mit dem Übergang des Evangeliums von der *juden*christlichen, aramäisch sprechenden Urgemeinde zu den von hellenistischer Kultur und Religion geprägten *heiden*christlichen Gemeinden[48] verknüpft.[49]

Damit wird aber völlig verkannt, dass sich die historisch ältesten literarischen Zeugnisse für eine sogenannte »hohe Christologie« nicht etwa am Ende, sondern zu *Beginn* der Entstehung der neutestamentlichen Schriften – und zwar in den Briefen eines *pharisäisch* geprägten *Judenchristen* finden.[50] Bereits in 1. Kor 8,6 erinnert Paulus seine um 50 n. Chr. gegründete korinthische Gemeinde in Abgrenzung zu den »sogenannten Göttern« (8,5) an das Bekenntnis zur *Einheit*

95

und *Einzigkeit* Gottes – und zwar im Anschluss an das alttestamentlich-jüdische Grundbekenntnis, das *Sch^ema Jisrael* aus 5. Mose 6,4: »Höre Israel, der Herr, unser Gott, ist *ein* Herr!« Ohne es näher erklären zu müssen, kann Paulus dieses Juden und Christen gemeinsame Bekenntnis zu dem »*einen* Gott und Herrn« bereits »binitarisch« – d.h. »zwei-faltig« und »zwei-einig« – auf den *einen* Gott, den *Vater*, und den *einen* Herrn, *Jesus Christus,* beziehen. Traditionell wird der *eine* und *einzige* Gott, der Vater, als *Ursprung* und als *Ziel* von allem bekannt: »ein Gott, der Vater, *von* dem alles ist und wir *zu* ihm«. Jüdisch gesehen völlig unerwartet wird dieses Bekenntnis zu dem *einen* »Gott aller Götter und Herrn über alle Herren« (5. Mose 10,17) aber dann hinsichtlich des *Wirkens* Gottes zugleich auf die Schöpfungsmittlerschaft und Erlösungsmittlerschaft *Jesu Christi* hin entfaltet: durch den *einen* Kyrios, Jesus Christus, ist alles geschaffen, und durch ihn sind auch die Christen gerechtfertigt und neu erschaffen worden.[51]

Erkennt man in 1. Kor 8,6 – wie in anderen christologischen Formeln und Christusliedern[52] – bereits geprägte Formulierungen und Bekenntnisse, die die Gemeinden schon bei ihrer Gründung kennenlernten, dann reichen die literarisch greifbaren Anfänge der »hohen Christologie« im Neuen Testament zumindest in die Vierzigerjahre des 1. Jh. zurück. Bedenkt man, dass zwischen der Kreuzigung Jesu um das Jahr 30 n. Chr. und dem ersten Aufenthalt des Paulus in Korinth um 50 n. Chr. gerade einmal 20 Jahre vergangen sind, muss die Geschwindigkeit der theologischen Entfaltung des Evangeliums als geradezu atemberaubend erscheinen. Es ist beeindruckend, mit welcher Kreativität und Dynamik sich die im Christusgeschehen erschlossene »Weisheit Gottes« in Aufnahme und Abwandlung von Traditionen zu Wort meldete – und dabei zugleich dem *jüdischen* Vorwurf der »Anstößigkeit« und dem *hellenistischen* Vorwurf der »Torheit« zu begegnen wusste (1. Kor 1,18 – 2,16).

DIE ANSTÖSSIGKEIT DES CHRISTUSBEKENNTNISSES

Worin bestand die *Anstößigkeit* des christlichen Bekennens und Betens für die nicht an Christus glaubenden Juden von Jerusalem und Judäa bis hin zur jüdischen Diaspora? Wenn das Grundbekenntnis zu dem einen und einzigen Gott zugleich auf Jesus Christus bezogen wird (5. Mose 6,4 f.), wenn von ihm gesagt wird, dass er an der Schöpfung und Erlösung Gottes beteiligt war, dann wird von ihm gesagt und bekannt, was nach alttestamentlich-jüdischem Verständnis von *keinem Menschen* gesagt werden dürfte. Der Kyrios-Titel, den Jesus Christus bei seiner Erhöhung in der Auferstehung von Gott übertragen bekommt (Phil 2,9 ff.), ist für jüdisches wie christliches Verständnis »der Name über alle Namen« – d. h. der Name *Gottes* selbst. In ihm, dem erhöhten Christus, sollen sich nach Gottes Willen alle Knie beugen und alle Zungen bekennen: Kyrios Jesus – »Herr ist Jesus«! Denn so wie in 1. Kor 8,6; 12,3 oder Phil 2,9 ff. der Titel Kyrios/»Herr« verwendet wird, ist er zuvor von griechisch sprechenden Juden als Umschreibung des Gottesnamens – Jahwe – gebraucht worden.

In diesem gefüllten Sinne wird der auferstandene Christus in den frühen Gemeinden also als Kyrios, als »Herr«, bekannt (1. Kor 12,3;

Röm 10,9 f.; Phil 2,9-11) und in Bekenntnis, Anbetung und Gebet wie Gott der Vater angerufen (1. Kor 1,2; 16,22; 2. Kor 12,8).[53] Die »berufenen Heiligen« der Gemeinde Gottes können an jedem Ort gerade dadurch identifiziert werden, dass sie »den Namen unseres Herrn Jesus anrufen« (1. Kor 1,2; vgl. Apg 9,14.21; 22,16). Ihm gilt der von der *aramäisch* sprechenden *Urgemeinde* übernommene Gebetsruf »Maranatha«, »Unser Herr, komm!« (1. Kor 16,22; vgl. Offb 22,20). Damit haben also offensichtlich bereits die *aramäisch* sprechenden wie die griechisch sprechenden *Juden*christen der ersten Generation – und nicht erst hellenistische *Heiden*christen – den von Gott auferweckten Gekreuzigten mit dem Titel benannt, der in den biblischen Handschriften zur Bezeichnung von Jahwe selbst verwendet wurde: Kyrios/»Herr«.

Dass sich in 1. Kor 2,8 die jüdische Gottesbezeichnung »Herr der Herrlichkeit« wirklich auf »Jesus Christus, den Gekreuzigten«, bezieht, belegt der Zusammenhang eindeutig: In Verkennung der Weisheit Gottes haben die Herrscher dieser Welt den »Herrn der Herrlichkeit« *ge-*

kreuzigt! Die endzeitliche und endgültige Anbetung gegenüber dem Kyrios bezieht sich nach Jes 45,23-25 ausdrücklich auf Jahwe selbst, während sie nach dem Philipperhymnus zur Ehre Gottes, des Vaters, demjenigen gilt, dem Gott den Kyrios-Namen gegeben hat: dem erhöhten Jesus Christus (Phil 2,10 f.). Nach Joel 3,5 soll derjenige am »Tag des Herrn« errettet werden, der den Namen Jahwes, des Kyrios, anrufen wird. Dieses rettende Anrufen des »Herrn« geschieht nach Röm 10,8-17 dadurch, dass jemand mit seinem Munde bekennt »Kyrios Jesus«/»Herr ist Jesus!« und in seinem Herzen glaubt, dass Gott ihn von den Toten auferweckt hat.

GOTTES MENSCHLICHE REPRÄSENTANTEN – GOTTES WORT UND WEISHEIT

Wenn wir danach fragen, wie Paulus selbst und andere Judenchristen unter der Voraussetzung ihres Bekenntnisses zur Einzigkeit und Einheit Gottes solche hohen Bekenntnisse über Christus nachvollziehen und begrifflich entfalten konnten, werden wir mit einer isolierten Untersuchung einzelner »messianischer« Titel oder einer einseitigen Ableitung aus dem Alten Testament oder der Umwelt kaum weiterkommen. Zweifellos lassen sich – auf der Grundlage der *menschlichen* Repräsentanten Gottes gegenüber Israel – an der Mose-Tradition, an der davidischen Gottessohnschaft, an den Messias-Verheißungen, an der Gottes-Knecht-Tradition oder der Menschensohnerwartung bestimmte Aspekte der Person, des Wirkens und des Geschickes Jesu verdeutlichen. Aber in keiner dieser Überlieferungen finden wir eine der Christologie entsprechende *persönliche Präexistenz*, eine *Schöpfungsmittlerschaft*, das *vorzeitliche Wohnen bei Gott* und die *Sendung auf die Erde* ausgesagt.

All diese Aspekte kennt die alttestamentlich-jüdische Tradition zwar, aber nicht im Zusammenhang einer *menschlichen Person*, sondern wenn sie von Gottes eigenem »Wort« – dem *Logos* – und von seiner »Weisheit« – der *Sophia* – spricht. Begriffe wie »das Wort«, »das Licht«, »einziggeboren«, »Ebenbild«, »Erstgeborener«, »Abglanz« beschreiben in den Weisheitsschriften des Alten Testaments[54] Gottes eigene Weisheit, die schon vor der Erschaffung der Welt bei ihm gewohnt hat und durch die Gott alles geschaffen hat[55].

So war Gottes Weisheit bereits bei der Erschaffung der Welt bei Gott (Spr 8,27.30), denn »Gott hat in Weisheit die Erde gegründet« (Spr 3,19) und alles in Weisheit geschaffen (Ps 104,24). Sie wurde bei ihm auf dem Schoß gehalten (Spr 8,30; vgl. Joh 1,18), sie gilt sogar als Beisitzerin, Mitthronende auf dem Thron Gottes (Weish 9,4). Die Weisheit »wohnte« bei Gott in der Höhe (Sir 24,4), bis er sie auf der Erde in Israel einwohnen und Eigentum/Erbbesitz nehmen ließ (Sir 24,8; vgl. Joh 1,10 f.14). Von der Weisheit Gottes kann gesagt werden, dass sie »einziggeboren«/»einzigartig« ist (Weish 7,22; vgl. Joh 1,14.18), »Hauch der Kraft Gottes« (Weish 7,25), »reiner Ausfluss/Ausströmung der Herrlichkeit des Allbeherrschers« (Weish 7,25), »Abglanz des ewigen Lichts und makelloser Spiegel des Wirkens Gottes und Ebenbild seiner Güte« (Weish 7,26; vgl. 2. Kor 4,4.6). Sie ist herrlicher als die Sonne und verdient den Vorzug vor dem Licht (Weish 7,29; Joh 1,4 ff.;

8,12): »denn dieses übernimmt die Nacht, über die Weisheit aber trägt das Böse nicht den Sieg davon« (Weish 7,30; vgl. Joh 1,5).

Doch stellt sich hier nun umgekehrt die grundlegende Frage: Wird die Weisheit Gottes im alttestamentlich-jüdischen Zusammenhang in der Weise als eigenständige »Person« erkannt, wie es vom Mensch gewordenen Logos, Jesus von Nazareth, vom Sohn Gottes im Gegenüber zu seinem Vater, vorausgesetzt wird? Aus *jüdischer* Sicht und in Respekt vor dem zitierten Grundbekenntnis zur Einzigartigkeit und Einheit Gottes in 5. Mose 6,4 f. lautet die Antwort wohl eindeutig »Nein!«

UND DAS WORT WURDE FLEISCH

Ob es um Gottes »Wort« oder Gottes »Weisheit« geht, ob es um Gottes »Namen« oder sein »Angesicht«, seine »Herrlichkeit« oder sein »Gesetz« – d.h. seine »Tora« – geht, bei aller Hochschätzung und trotz aller übertragener Redeweise wird der jüdische Respekt vor dem »Eins-Sein« Gottes – unter Absehung der Christuserkenntnis! – nicht von einer zweiten »Person« in Gott sprechen, nicht von einem zweiten personalen Wesen, das an Gottes eigenem Wesen und Wirken unmittelbar teilhätte. Die Verehrung und Anrufung Jesu Christi mit den Worten: »Mein Herr und mein Gott!«, ergibt sich nicht allein aus dem Studium der Schrift Alten Testaments, sondern aus der Begegnung mit dem *Auferstandenen*, dem Kyrios und Sohn Gottes, der den an ihn Glaubenden selbst die Schrift auslegt und erhellt (vgl. Lk 24,25 ff.32.44 ff.). Denn dass Gott seinen »einziggeborenen«, himmlischen Sohn als Menschen auf die Erde sendet, um durch sein Wirken, Leiden und Auferstehen die Welt zu erlösen (Röm 8,3; Gal 4,4 f.; Joh 3,16; 1. Joh 4,9), dass Gottes eigenes »Wort« sterblicher Mensch – »Fleisch«! – wird (Joh 1,14; 1. Joh 4,2), ist in dieser umfassenden Perspektive weder allein von der Weisheits-Tradition noch isoliert von einzelnen Verheißungen zum »Propheten«, zum »Gottesknecht«, zum »Davidssohn«, zum »Messias« oder auch zum »Menschensohn« abzuleiten. Erst die *Zusammenschau* der Aussagen über die zu Gott als Schöpfer gehörende *Weisheit Gottes* einerseits und über die zur Schöpfung gehörenden *menschlichen Repräsentanten* Gottes andererseits lassen das Geheimnis der in Jesus Christus erschienenen Weisheit Gottes für die frühen Christen begrifflich erfassen und beschreiben.

Wer Jesus Christus ist und in welchem Verhältnis er zu dem einen und einzigen Gott steht, beantwortet sich für die neutestamentlichen Verfasser also ganz offensichtlich nicht durch die Reduktion der Erkenntnis auf das in einzelnen »messianischen Texten« von »Mose und den Propheten« Gesagte. Vielmehr gewinnt die Einzelaussage erst von der Christuserkenntnis her ihre letzte Tiefe und »Eindeutigkeit«. Oder um es mit dem – an die Decke vor dem Angesicht des Mose (2. Mose 34,33-35) anknüpfenden – Bild des Paulus in 2. Kor 3,12 ff. zu sagen: Nicht das Lesen des Alten Testaments nimmt für sich genommen schon die christologische Decke von den Augen, sodass das Ärgernis der im Gekreuzigten offenbaren Weisheit Gottes aufgehoben wäre und das bisher Ungesehene sichtbar würde. Vielmehr wird die Decke des Nichterkennens beim Lesen der Schrift durch die *Christuserkenntnis* von den Augen genommen – »denn sie wird in Christus abgetan« (2. Kor 3,14). Er spiegelt nämlich als das Ebenbild und die Weisheit Gottes dessen Herrlichkeit unverhüllt wider und erleuchtet so zur Erkenntnis Gottes (2. Kor 4,4.6).

DIE ERHELLENDE CHRISTUSERKENNTNIS

Nun ergibt sich aber die dringliche Frage, warum es den frühen Christen bereits in den ersten zwei Jahrzehnten nach dem Ostergeschehen so wichtig war, in Jesus von Nazareth nicht nur einen Lehrer oder Propheten oder auch einen messianischen König zu erkennen, sondern den Mensch gewordenen und zur Rechten Gottes erhöhten Sohn Gottes und Kyrios. Warum bekannten, verehrten und besangen sie nicht nur Gott, den Vater, als ihren Schöpfer und Herrn der Welt und Geschichte, sondern mit ihm zugleich dessen Sohn, Jesus Christus? Warum tauften sie – als Zeichen der Anerkennung und Übereignung – »auf Christus« (Röm 6,3; Gal 3,27), d.h. »auf den Namen Jesu Christi« (Apg 2,38; 8,16; 10,48; 19,5)? Warum beteten sie zu ihrem Herrn Jesus Christus oder brachten ihre Anliegen im Namen Jesu vor ihren himmlischen Vater?

Sie hatten als ehemalige Zweifler und Nichtglaubende seit jenen ersten Erscheinungen des Auferstandenen an Ostern »begriffen«, dass ihnen in Jesus nicht nur »ein Mensch wie du und ich« erschienen ist, sondern *Gott selbst!* Oder um es mit Paulus – dem wohl letzten unmittelbaren »Osterzeugen« (1. Kor 9,1; 15,8-10; Gal 1,11 ff.) – auszudrücken: »Denn Gott, der sprach: Licht soll aus der Finsternis hervorleuchten, der hat einen hellen Schein in unsre Herzen gegeben, dass durch uns entstünde die Erleuchtung zur Erkenntnis der Herrlichkeit *Gottes* in dem Angesicht *Jesu Christi*« (2. Kor 4,6).

Ob Gott ist und ob er mächtig ist, wie er der Schöpfung und den Menschen gegenüber eingestellt ist und was er in Zeit und Ewigkeit mit ihnen vorhat und von ihnen erwartet, dies alles ergab sich für die ersten Christen – wie für uns heute – noch nicht aus einem abstrakten Gottesbegriff oder einer allgemeinen Religiosität. Denn es gab – nicht anders als heute – unzählige Gottesbilder und die verschiedensten religiösen Vorstellungen und Kulte. Im Namen eines »Gottes« konnten Kriege geführt und Völker unterworfen werden; im Namen »Gottes« konnten eigene Ansprüche gegen Fremde durchgesetzt und Fremdstämmige sowie Andersdenkende ausgegrenzt werden. Weder die *Schöpfung* noch die *Geschichte* noch auch die *eigene Erfahrung* konnte den verfolgten und oft leidenden Christen die Gewissheit und die Zuversicht vermitteln, die allein im Angesicht Jesu Christi eindeutig zu erkennen waren.

WENN GOTT FÜR UNS IST

Dass Gott wirklich existiert und dass er »für uns« ist, dass er sich dieser Welt zugewandt hat und sie bis zur Selbsthingabe bedingungslos liebt, das alles ergab sich nicht aus einem allgemeinen Gottesglauben, sondern aus dem Zeugnis des Lebens, Lehrens und Leidens Jesu Christi, der Gott als seinen Vater anrief (Mk 14,36). Gerade in dem zunächst rätselhaften Kreuzesgeschehen erkannten die ersten Christen von Ostern her den eindeutigen Erweis einer überwältigenden Liebe Gottes zu seinen Menschen: Indem Christus nicht nur unverbindlich von der Liebe sprach, sondern bereit war, unter Einsatz seines eigenen Lebens konsequent an ihr festzuhalten, hat er gezeigt, wie grenzenlos und unbedingt seine Zuwendung zu ihnen ist.[56]

Da in dieser Bereitschaft Christi, das eigene Leben für andere einzusetzen, gerade auch die Einstellung seines *Vaters* dieser Welt gegenüber greifbar wird, konnte in gleicher Weise auf die Liebe Gottes, des Vaters, zurückgeschlossen werden.[57] Der Sohn kam ja nicht ohne das Einverständnis oder gar gegen den Willen seines Vaters, sondern er wurde ausdrücklich von ihm selbst beauftragt und gesandt, die Schöpfung zurückzugewinnen. Aufgrund seiner *unbedingten* – d. h. uneingeschränkten – Liebe wollte Gott *unbedingt* – d. h. unter allen Umständen und um jeden Preis – mit seinen Menschen zusammensein. Spätestens seitdem Gott nach allen »Boten« sogar seinen »geliebten Sohn« und damit das für ihn Wertvollste gesandt hat, um uns zu erreichen (Mk 1,11; 9,7; vgl. Hebr 1,1 ff.), ist dies zur Gewissheit geworden. Diese umfassende Liebe Gottes ist das tragende Fundament des frühchristlichen Glaubens; sie ist es, die das »Wort vom Kreuz« wirklich zum Evangelium – zur »guten Nachricht« – macht.

Das ist der Grund, warum die ersten Christen keinen anderen Gott mehr denken und glauben wollten als den Vater Jesu Christi; und das ist die Erklärung, warum sie sich im Leben und Sterben dem für sie gestorbenen und auferstandenen Sohn Gottes, Jesus Christus, anvertrauen wollten und von ihm und seinem Wesen überwältigt waren. Denn wer von Ostern her das Kreuzesgeschehen versteht und von der Selbsthingabe Gottes am Kreuz her die Wirklichkeit und Bedeutung der Auferweckung Jesu »begreift«, der wird – mag er zuvor auch noch so sehr gezweifelt haben – wie der »ungläubige Thomas« in der Begegnung mit dem Auferstandenen »begreifend« anerkennen: »Mein Herr und mein Gott!« Denn es ist gerade die *hohe Christologie*, die den Menschen in seiner *Niedrigkeit* erreicht, und es ist die *Konzentration* auf den *Mensch gewordenen Gottessohn*, Jesus Christus, die uns die Existenz und das Wesen Gottes, seines himmlischen Vaters, erschließt und erhellt.

GELIEBT, ERKANNT UND ANERKANNT

ZUM WESEN DER LIEBE[58]

Neben dem Glauben und der Hoffnung gilt die *Liebe* als das entscheidende Wesensmerkmal der christlichen Existenz. Dabei wird sowohl an die grundlegende Liebe Gottes zum Menschen gedacht wie an die Liebe des Menschen zu Gott, an die zwischenmenschliche Liebe innerhalb der erotischen Beziehung, der Familie, des Freundeskreises und der Gemeinde sowie in der Verkündigung Jesu an die Liebe auch gegenüber dem Feind. Dementsprechend breit ist das Bedeutungsfeld der Liebe in den biblischen Texten: Es geht von leidenschaftlicher erotischer Liebe (Hoheslied) über familiäre und freundschaftliche Zuneigung, Wertschätzung und Treue bis hin zu Anteilnahme und Erbarmen gegenüber Bedürftigen sowie vergebungsbereiter Zuwendung gegenüber feindlich Gesinnten (Bergpredigt Mt 5,38-48; Feldrede Lk 6,27-35)[59].

In den biblischen Texten des griechischen Alten und Neuen Testaments findet sich eine auffällige Konzentration auf einen von mehreren sprachlich möglichen Begriffen für »Liebe« und »lieben«: *agapē* (im Folgenden: *Agape)* und *agapaō*[60]. Ob die Bevorzugung des Begriffes *Agape* zur Bezeichnung der Liebe darauf zurückgeht, dass er im Griechischen inhaltlich noch weniger festgelegt war als andere, oder ob er wegen seines Gleichklangs zum hebräischen Begriff für Liebe *('ah^abā)* gewählt wurde, in jedem Fall bildet sich in den biblischen Schriften im Vergleich zu der griechisch-hellenistischen Umwelt ein ganz eigenes Verständnis von Liebe heraus. Bei dem Versuch, den Liebesbegriff in diesem Umfeld näher zu bestimmen, hat man den biblisch bevorzugten Ausdruck *Agape*[61] häufig mit den anderen griechischen Begriffen *Eros (erōs)* und *Philia (philia)* kontrastiert.

Allerdings bildet der Begriff *Philia* als Bezeichnung für die Liebe im Sinne von »Zuneigung«, »Wohlwollen« und »Freundschaft« nicht wirklich einen Gegensatz zu *Agape*, weshalb er im Neuen Testament auch verschiedentlich im Wechsel und ohne eindeutige Abgrenzung von der *Agape* sowohl für die göttliche[62] wie für die menschliche Liebe verwendet werden kann.[63] Mag in der griechischen Umwelt die *Philia* auch stärker emotional, affektiv gefärbt sein als die *Agape*, so kehrt sich dieses Sprachgefühl in den biblischen Schriften eher um; die *Agape* wird nicht etwa als emotionsloser, sondern eher als inniger und herzlicher empfunden.

Deutlicher ist der Gegensatz beim griechischen Begriff *Eros*, der im Neuen Testament gar nicht verwendet wird. Er bezeichnet einerseits die »leidenschaftliche«, speziell die »sinnliche Liebe«, das »Verlangen«, die »Begierde«; andererseits kennzeichnet er im Anschluss an die platonische Philosophie als »himmlischer Eros« die Aufgabe des Menschen, die Seele in die himmlische, übersinnliche Welt durch Befreiung von den Fesseln der Sinnlichkeit hinaufzuheben. In dieser Linie konnte *Eros* als eine Tendenz des Niederen zum Höheren, des Unvollkommenen zum Vollkommenen und des Ungeformten zum Geformten bestimmt werden. Demgegenüber wäre die *Agape* dann als Gegenbewegung zu verstehen, in der sich – wie in der Menschwerdung Gottes und dem Herabkommen des Sohnes Gottes auf die Welt – das Höhere dem Niederen zuneigt und das Edle sich zum Unedlen herabneigt.

Gewiss wird in dem Kommen, Wirken und Leiden Jesu Christi vor allem bei Paulus und Johannes die entscheidende Offenbarung der Liebe Gottes zu den Menschen[64] und der hingebungsvollen Liebe Jesu zu den Seinen[65] gesehen; aber sowohl in Beziehung auf Gottes Liebe wie im Hinblick auf die »Nächstenliebe« (3. Mose 19,18) sollte das Moment des »Herablassens« und der Rangordnung im christlichen Liebesbegriff gerade nicht als grundlegend verstanden werden. Von *Agape* ist schließlich auch hinsichtlich der Liebe des Sohnes Gottes zu seinem himmlischen Vater und umgekehrt die Rede[66]; und die geschwisterliche Liebe innerhalb der Gemeinde lebt gerade nicht von der Überordnung der Liebenden und der Erniedrigung derer, die Liebe und Barmherzigkeit empfangen. Ganz zu schweigen davon, dass das höchste und erste Gebot nach dem einheitlichen Zeugnis des Alten und Neuen Testaments gerade darin besteht, Gott selbst von ganzem Herzen zu lieben (Mk 12,28-30; 5. Mose 6,5).

Weiter führt bei der Gegenüberstellung der Liebe als *Eros* oder *Agape* dann schon die Charakterisierung, dass die von Gott ausgehende *Agape* nicht durch die Beschaffenheit und den Wert des zu liebenden Menschen motiviert ist, sondern in der Zuneigung und Zuwendung des liebenden Gottes selbst gründet. Nicht weil der Mensch sich als liebenswert erweist, erfährt er Gottes Anerkennung und Wertschätzung, sondern weil Gott den Menschen liebt, erkennt dieser seinen wahren Wert. Demgegenüber lässt sich der *Eros* als eine verlangende Liebe und Sehnsucht des Menschen verstehen, die vom Wert des Gegenübers bestimmt ist, die also durch die Attraktivität des Geliebten motiviert und von seiner Liebenswürdigkeit abhängig ist. Die *Agape* hat ihren Grund in sich selbst und schenkt dem Gegenüber Anerkennung und Wertschätzung; der *Eros* ist von der Begründung und Motivation seiner Zuneigung durch die Anziehungskraft des Gegenübers abhängig. Die *Agape* erweist sich als Du-orientiert, weil sich das liebende Ich dem anderen um seiner selbst willen zuwendet; der *Eros* hingegen erweist sich als Ich-orientiert, weil er sich – auch

115

im Fall der eigenen Begeisterung – für den anderen nur um seiner anziehenden Eigenschaften willen interessiert.

Freilich muss man sich auch hier vor einer zu schematischen Anwendung vorsehen, da sie auch Missverständnisse hervorrufen kann. So darf ein solch kritisch gekennzeichneter Eros-Begriff keinesfalls mit der biblischen Wertung »erotischer Liebe« als eines leidenschaftlichen Liebesverhältnisses zwischen Mann und Frau in eins gesetzt werden. Ob im Schöpfungsbericht (1. Mose 2,18-25) oder im Hohenlied der Liebe, ob in der Abwehr falscher Askese und Leibverachtung (1. Tim 4,1-5) oder in der Anleitung zu gegenseitiger Rücksichtnahme und Wertschätzung in der Ehe (Eph 5,21-33), die biblischen Texte zeugen nicht von einer Geringschätzung der »erotischen Liebe« und der Leiblichkeit, sondern vielmehr von einer Durchdringung und Prägung aller menschlichen Beziehungen durch die *Agape*, die von Gott selbst geschenkt und in der gelebten Hingabe Jesu Christi eröffnet worden ist (Eph 5,25).

Zudem ist bei der Kontrastierung von *Agape* und *Eros* auch das Missverständnis auszuschließen, dass der Mensch, den die göttliche und infolge dann auch die zwischenmenschliche *Agape* liebt, an sich wertlos und unattraktiv wäre und seinen Wert erst durch das Geschenk der Liebe erhielte. Der Geliebte wird sich vielmehr durch das Geschenk der Zuwendung und Wertschätzung seines Gegenübers bewusst, dass er bedeutsam und wertvoll ist; denn die Liebe gilt ihm selbst als Person und nicht nur seinen liebenswürdigen Seiten und herausragenden Eigenschaften und Leistungen. Sowenig die *Agape* sich von den Stärken und der Anziehungskraft des Geliebten abhängig macht, sowenig reduziert sie das Gegenüber auf seine Schwachheit und sein Angewiesensein. Dass Gott die Menschen sogar als Sünder und Feinde uneingeschränkt liebt und sie in Jesus Christus in seine Gottesgemeinschaft aufnimmt, erweist seine Liebe als voraussetzungslos und bedingungslos (Röm 5,5-11); eine Reduktion des Menschen auf seine Schwächen und Grenzen ist damit aber gerade nicht intendiert. Es geht der *Agape* vielmehr um die Überwindung dieser Beschränkung und um die Erlösung von den lebensabträglichen und beziehungshemmenden Seiten der menschlichen Isolation.

Hilfreicher und eindeutiger noch als die *philosophie-* und *theologiegeschichtlich* einge-führte Gegenüberstellung von *Eros* und *Agape* mag deshalb für viele heute die in der *Sozial-psychologie* und *Pädagogik* verwendete Diffe-renzierung von »konditionierter« und »nicht konditionierter Annahme«, von »bedingter« und »nicht bedingter Zuwendung« sein, bei der die herkömmliche Unterscheidung von *Eros* und *Agape* in spezifischer Weise aufgenommen wird.[67]

Wenn Zuwendung an das Wohlverhalten und die Wohlgefälligkeit des Gegenübers ge-bunden ist, dann sprechen wir von *bedingter* Annahme, denn sie ist sowohl an »Vorbedin-gungen« geknüpft als auch als solche »vorbe-haltlich«. In Wahrheit bezieht sich eine solche Zuneigung nicht auf die Person selbst, sondern auf bestimmte Aspekte, Eigenschaften oder Qualitäten der Persönlichkeit. Die Wertschät-zung gilt dann nicht dem Menschen an sich, son-dern vielmehr seinen attraktiven Seiten und er-wartungskonformen Verhaltensweisen. Da eine solche Art von Anerkennung und Zuneigung in Wahrheit erarbeitet und erkauft werden muss, enttäuscht sie nicht nur die »Ungeliebten«, sondern zugleich auch die vermeintlich »Geliebten«. Denn sie müssen sich als »liebenswert« erweisen, um die Zuwendung zu erlangen, die ihnen eigentlich voraussetzungslos gelten sollte; sie müssen sich »liebenswürdig« verhalten, um die Aufwertung zu erfahren, die sie doch unbedingt auf ihre eigene Person beziehen wollen.

Demgegenüber gewinnen Menschen Zuversicht, Sicherheit und Glück aus Beziehungen, in denen sie sich bedingungslos und umfassend geliebt, erkannt und anerkannt wissen. Wenn sie erleben, dass sie sich nicht erst durch ihr Verhalten als »liebenswert« erweisen müssen, um Zuwendung zu empfangen, werden sie frei davon, sich nur von ihren Leistungen her zu verstehen und sich von ihren Erfolgen abhängig zu machen. Es gibt dann keine Voraussetzungen mehr, die sie in ihrem Leben zuerst erfüllen müssen, um Anerkennung und Liebe zu gewinnen, sondern die Liebe selbst wird zur Voraussetzung und Grundlage ihres Lebens. Das »eigentliche« Lebensglück steht dann nicht länger in eine unbestimmte Zukunft hinein aus, sondern es kann hier und jetzt gewonnen und gestaltet werden.

Auf diese Weise müssen sie nicht fortwährend der Anerkennung nachjagen und ständig neue Bedingungen erfüllen, von denen sie ihr Glück abhängig machen, sondern sie können gegenwärtig anfangen zu sein. Die Erfahrung einer nicht konditionierten Liebe befreit von der Not eines ständig konditionierten Lebens. Denn nur die Liebe kann den Menschen eindeutig und glaubhaft vermitteln, dass sie einzigartig und bedeutsam sind.

Wenn sie erleben, dass die Liebe eines anderen nicht nur ihren »liebenswerten« Seiten, sondern *ihnen selbst* umfassend gilt, bekommen sie den Mut, sich zunehmend auch mit ihren Schattenseiten und Ängsten auseinanderzusetzen und sich so zu sehen, wie sie wirklich sind. Sie müssen nicht länger fürchten, durch ihre Wahrhaftigkeit und Offenheit die Zuneigung wieder zu verlieren. Im Gegenteil, weil *sie* geliebt werden und nicht nur die Rollen, die sie spielen, kann es die Beziehung nur vertiefen, wenn sie dem anderen und sich selbst nicht länger etwas vormachen, sondern ehrlich werden. Folglich bewirkt gerade die Liebe, die den anderen bejaht, wie er ist, dass er sich verändert; und die unbedingte

Annahme bringt ihn dahin, dass er der Liebe zunehmend auch durch sein eigenes Verhalten entsprechen kann. So ist nichts überwältigender als die Erfahrung uneingeschränkter Liebe, also der *Agape*. Sie ist – gerade indem sie voraussetzungslos und bedingungslos gilt – so folgenreich und prägend wie kein anderes Erleben.

Ob in der geschenkweisen Rechtfertigung des Gottlosen aufgrund des Glaubens bei Paulus (Röm 3,21 – 4,25) oder in der unbedingten und lebensverändernden Zuwendung Jesu zu den Sündern nach Lukas (Lk 5,27 ff.; 7,36 ff.; 15,1 ff.; 19,1 ff.), Inhalt des Evangeliums ist jeweils die Zusage, dass Gott in dem Leben, Sterben und Auferstehen Jesu Christi seine voraussetzungslose und bedingungslose Liebe erwiesen hat, die für die Glaubenden bleibende Grundlage und prägende Orientierung ihres gesamten Lebens und all ihrer personalen Beziehungen (Joh 13,34; 15,9-14; Röm 8,28-39) bis hin zu den »Feinden« werden kann (Lk 6,27-42). So beschreibt es in unüberbietbar eindrücklicher Weise das »Hohelied der christlichen Liebe« in 1. Kor 13,4-8.13: »Die Liebe ist langmütig und freundlich, die Liebe eifert nicht, die Liebe treibt nicht Mutwillen, sie bläht sich nicht auf, sie verhält sich nicht ungehörig, sie sucht nicht das Ihre, sie lässt sich nicht erbittern, sie rechnet das Böse nicht zu, sie freut sich nicht über die Ungerechtigkeit, sie freut sich aber an der Wahrheit; sie erträgt alles, sie glaubt alles, sie hofft alles, sie duldet alles. Die Liebe hört niemals auf ... Nun aber bleiben Glaube, Hoffnung, Liebe, diese drei; aber die Liebe ist die größte unter ihnen. «

»GERECHTIGKEIT ERHÖHT EIN VOLK«[68]

VON DEM REALISTISCHEN IDEAL DER BEZIEHUNG

Gerechtigkeit erhöht ein Volk.« Mit diesem Zitat aus der Bibel – nämlich aus Sprüche 14,34 – geben wir bereits in der Überschrift drei Hinweise: Es soll in unserer Abhandlung erstens zentral um den Begriff und das Verständnis der »*Gerechtigkeit*« gehen. Diese Gerechtigkeit soll zweitens hinsichtlich ihrer sozialen und politischen, also ihrer die *Gemeinschaft* und das »*Volk*« betreffenden Dimensionen bedacht werden. Und dies soll drittens in Orientierung an den Grundlagen und Quellen des christlichen Erbes – also an den Schriften des Alten und Neuen Testaments – geschehen. Dies alles unternehmen wir in der Erwartung, von den entscheidenden Quellen unserer christlichen Kultur auch für unser heutiges politisches Entscheiden und Handeln neue Impulse, Denkanstöße und Orientierungen zu gewinnen.

VORVERSTÄNDNISSE DES GERECHTIGKEITSBEGRIFFS

Zweifellos ist der Begriff der »Gerechtigkeit« in unserer theologischen und kirchlichen Tradition durchaus vertraut. Fraglich ist aber, ob er neuzeitlich auch noch als zentral und positiv wahrgenommen wird. Für manche ist der seit der Reformation im Zentrum stehende Begriff der Gerechtigkeit sehr stark individualistisch gefasst. Hatte man sich mit der Frage: »Wie bekomme ich einen gnädigen Gott?«, nicht zu sehr mit seinem eigenen Heil beschäftigt? Und hatte man mit der Sorge: »Wie werde ich gerecht vor Gott?«, nicht zu sehr seine eigene Frömmigkeit und Person im Blick? Aber auch umgangssprachlich und außerhalb einer religiösen Prägung kann die Rede von der Gerechtigkeit individualistisch geprägt sein und dann den Beigeschmack der Selbstgerechtigkeit gewinnen. »Ich bin mir keiner Schuld bewusst; ich habe eine reine Weste«, sind dann Äußerungen eines Menschen, der sich selbst für gerecht hält. Eigene Gerechtigkeit oder Selbstgerechtigkeit wären freilich, wie wir sehen werden, im bibli-

schen Kontext eine widersprüchliche Begriffs-
kombination, weil die biblische Gerechtigkeit
gerade nicht selbstbezogen sein kann.

Aber auch dann, wenn wir den sozialen und
politischen Gehalt des Gerechtigkeitsbegriffes
grundsätzlich voraussetzen, mag er in unserer
heutigen gesellschaftlichen Situation immer
noch einen schalen Beigeschmack haben. Sosehr
wir es in manchen Frömmigkeitstraditionen mit
dem Problem des Individualismus zu tun haben
mögen, sosehr kann die Gerechtigkeitsdebatte
im politischen Kontext die Züge des Kollektivismus annehmen. Der Ruf nach Verallgemeine-
rung des Gültigen und nach Vereinheitlichung
der Verhältnisse – ungeachtet der jeweiligen Bedürfnisse, Fähigkeiten und Voraussetzungen –
lässt die Gerechtigkeitsforderung dann gelegentlich in den Verdacht einer ideologischen Gleich-
macherei auf Kosten der Individuen und ihrer
freiheitlichen Selbstbestimmung geraten. Während das Ideal der Chancengleichheit für alle
Menschen und der sozial gerechten Anteilgabe
an den Lebensgütern christlich wie humanis-
tisch leicht nachzuvollziehen und zu begründen
ist, haben wir in unseren gesellschaftlichen und

politischen Kontexten gleichwohl das Problem, dass das Schlagwort der Gerechtigkeit meist im Kontext von finanziellen Forderungen und moralisierenden Anklagen auftaucht. Es geht heute in der Regel um Gerechtigkeits*forderungen* und Gerechtigkeits*ansprüche*, was bei denen, die einseitig gefordert und angeklagt werden sollen, verständlicherweise eher Abwehrreaktionen und Rechtfertigungsversuche provoziert. So droht der Gerechtigkeitsbegriff zum Schlagwort des Verteilungskampfes zwischen Arm und Reich, Jung und Alt, Unterschicht und Oberschicht usw. zu werden.

Neben einer *individualistisch* enggeführten eigenen Gerechtigkeit bzw. »Selbstgerechtigkeit« und einer zum *Kollektivismus* neigenden Gerechtigkeit als gesellschaftlicher Forderung kommt der Begriff Gerechtigkeit traditionell und grundsätzlich noch in einem dritten Zusammenhang vor, der im religiösen wie gesellschaftlichen Kontext gleichermaßen vertraut ist: dem *juristischen*. Die »Gerechtigkeit« – wie sie in der Gestalt der ohne Ansehen der Person und ausgewogen urteilenden Justitia versinnbildlicht wird – gilt als Grundlage unseres

Rechtssystems und unserer Rechtsprechung. Von gerechten Richtern erwartet man, dass sie unbestechlich nach dem Grundsatz des lateinischen Rechts »jedem das Seine« *(suum cuique)* einerseits den Schuldigen seiner Schuld überführen und verurteilen, andererseits den zu Unrecht Angeklagten freisprechen und dem Geschädigten Wiedergutmachung widerfahren lassen. Insofern die Gerechtigkeit des Gerichtes jedem das zumessen soll, was er aufgrund seines gelebten Lebens verdient, sprechen wir in diesem Fall von einer *distributiven* – d. h. einer verteilenden bzw. zumessenden – Gerechtigkeit, einer *iustitia distributiva*.

Die Gerechtigkeit eines Richters besteht somit darin, dass er möglichst neutral und objektiv aufgrund eines *analytischen Urteils* aufdeckt, überführt und entscheidet. Er kann und soll nur denjenigen freisprechen, den er als gerecht erkennt und als unschuldig beurteilen kann. Dem Schuldigen gegenüber erweist er seine Gerechtigkeit darin, dass er ihn überführt und zu einer gerechten Strafe verurteilt. Dass gerade dieses für das Rechtssystem notwendige Prinzip der Neutralität und Objektivität hinsichtlich der Opfer wie der Täter Fragen offen lässt und in Grenzfällen zu einem Widerspruch von Rechtsvorstellung und Gerechtigkeitsempfinden führen kann, wird immer wieder beklagt, ohne gesellschaftlich einfach vermieden werden zu können.

GERECHTIGKEIT AUS BIBLISCHER SICHT

Gerechtigkeit erhöht ein Volk« (Spr 14,34) ist eine Aussage aus dem »Alten Testament«, das die Heilige Schrift des Judentums wie auch der ersten Christen ist und – zusammen mit dem »Neuen Testament« – die Bibel der christlichen Kirche bis heute bildet. Und in der Tat ist gerade der Gerechtigkeitsbegriff in seiner kontinuierlichen und konsequenten Entwicklung vom Alten zum Neuen Testament hin biblisch-theologisch besonders eindrücklich und faszinierend.[69]

1. Schon nach alttestamentlichem Verständnis ist die »Gerechtigkeit« (hebr. *sedāḳā*) viel weniger als in unserem Denken an einer abstrakten

Norm, an einem »Gesetz« orientiert, sondern an den *Beziehungen* – zunächst zu Gott, dann zum Nächsten und zum eigenen Volk. Der Mensch ist nicht *an sich* gerecht und auch nicht primär gegenüber dem *Gesetz vom Sinai* – das zweifellos die Grundlage des jüdischen Glaubens und Lebens bildet –, sondern im Hinblick auf eine konkrete, gelebte *Beziehung*. Die Aussage: »Ich bin gerecht!« müsste nach alttestamentlichem Verständnis sofort präzisiert werden durch die Frage: »Wem gegenüber?« Denn die Gerechtigkeit wird hier als *Relations-*, d.h. *Beziehungsbegriff* verstanden: »Gerechtigkeit« *(sedākā)* ist in alttestamentlich-jüdischer Tradition das *der Beziehung entsprechende*, das *gemeinschaftsbezogene* Verhalten; und als »gerecht« gilt ein Tun, wenn es »gemeinschaftstreu«, »loyal« und »heilvoll« ist. In unserer Sprache würden wir z.B. den Begriff der »Liebe« als Relationsbegriff bezeichnen. Wer sagt, dass er verliebt ist oder liebt, mag sogleich zurückgefragt werden: »In wen?« oder »Wen?« Denn wir lieben nicht an sich, sondern wir lieben ein konkretes Gegenüber. Und mit Liebe bezeichnen wir eine Haltung, die Menschen zueinander haben, und eine

Beziehung, die Menschen untereinander haben. In diesem Sinne bezeichnet auch die Gerechtigkeit nicht eine abstrakte Eigenschaft, sondern ein heilvolles beziehungsorientiertes Verhalten und Verhältnis zwischen Personen.

2. Dieses besondere Verständnis von »Gerechtigkeit« als einem Relationsbegriff entspricht nun einer vertieften *anthropologischen* Gesamtsicht: Der von Gott geschaffene und von ihm in die Gemeinschaft gestellte Mensch existiert nicht an sich und unabhängig von anderen, sondern er lebt in konkreten Beziehungen, im Angesprochensein und Sprechen, im Mitteilungsgeschehen zwischen Gott und seinem Volk. Was unserer individualistischen Tradition durchaus fremd erscheinen mag, ist für die biblischen Traditionen konstitutiv – d. h. wesentlich und grundlegend: Der Mensch ist für das »Wir« geschaffen, für die lebensfördernde und heilvolle Gemeinschaft. Haben die einzelnen Mitglieder eine solche zuträgliche Beziehung, dann herrscht im gefüllten Sinn »Frieden« – »Schalom«. Denn wenn der Mensch *ist*, dann ist er *in Beziehung*. Menschsein ist immer Menschsein in Beziehung;

und die Humanität des Menschseins gründet in ihrer Beziehungswirklichkeit. Mit dem Verlust seiner lebensstiftenden und -tragenden Beziehungen ist das Leben eines Menschen selbst gefährdet. Der Beziehungslose würde seine Lebensgrundlage verlieren, der von Gott und Menschen Verlassene sähe sich von der Todessphäre bedroht. Auf diesem Hintergrund gewinnt die Bestimmung der Gerechtigkeit als *ein der Beziehung entsprechendes Verhalten* einen ganz gefüllten Sinn: »Gerechtigkeit« *(sedākā)* ist nachdrücklich als *personaler* Relationsbegriff zu begreifen.

3. Nun versteht es sich fast von selbst, dass die inhaltliche Konkretion einer solchen Gerechtigkeit von dem *jeweiligen Verhältnis* abhängig ist. Die Beziehung zu Gott ist eine andere als die zu Menschen, die Relation zum Nächsten ist nicht die gleiche wie die zum Feind. Was als gerechtes Verhalten gegenüber einem Fremden im Land gelten mag, z. B. die Duldung und die Gewährung des Gastrechtes, wäre als Verhalten gegenüber der Ehefrau und den Kindern oder auch gegenüber den eigenen Eltern unzureichend. Die

Beziehung gibt die Kriterien für die Bestimmung des gerechten Verhaltens vor.

In Hinsicht auf die Gottesbeziehung sind die Vorgaben in der breiten alttestamentlichen Tradition im entscheidenden Punkt überraschend einheitlich und weitgehend. Ob wir an die drei ersten der Zehn Gebote denken (2. Mose 20,1 ff.; 5. Mose 5,6 ff.) oder an das bis in die Gegenwart hinein von Juden gebetete »Höre Israel, der Herr, unser Gott, ist *ein* Herr« *(Sch^ema Jisrael)* samt dem nachfolgenden Gebot der Liebe zu Gott (5. Mose 6,4 f.), die hier beschriebene Relation ist nicht nur eine von vielen personalen Beziehungen, sie zeichnet sich vielmehr durch ihre *Ganzheitlichkeit* und *Ausschließlichkeit* aus. Die Beziehung zu Gott ist Israel von Gott selbst als eine *ganzheitlich*-personale eröffnet, oder um es mit den Worten der »Zugehörigkeitsformel« zu sagen, Gott spricht zu Israel: »Ich will unter euch wandeln und will *euer Gott* sein, und ihr sollt *mein Volk* sein« (3. Mose 26,12; vgl. Hes 37,27; Offb 21,3).

4. Wenn aber die Beziehung zu Gott in solch radikaler und umfassender Weise als »Liebe

von ganzem Herzen, von ganzer Seele und mit aller Kraft« (5. Mose 6,5) beschrieben wird und wenn die Loyalität und Treue zu Gott in der Ausschließlichkeit des ersten Gebotes bestimmt wird – »Ich bin der Herr, dein Gott, du sollst keine anderen Götter neben mir haben!« (2. Mose 20,2 f.) –, dann erscheint auch das Verständnis der Ungerechtigkeit, der Verfehlung und Sünde in einem neuen Licht. »Ungerechtigkeit« ist dann nicht nur ein konkretes unmoralisches Verhalten, sondern im Kern eine *Verletzung der persönlichen Beziehung;* und als Sünde erscheint nicht vorrangig eine bestimmte Gebotsübertretung, sondern vielmehr die *Abwendung von der Gemeinschaft.*

Das eigentliche Vergehen liegt in der *Verfehlung der Bestimmung zur Gemeinschaft,* und die Sünde ist ihrem Wesen nach *Trennung von Gott.* Alles, was von Gott trennt, ist Sünde, denn es gefährdet die Gottesbeziehung und damit das Leben; und alles, was der Beziehung zu Gott, zum Nächsten und mir selbst schadet, wird in Geboten und Weisungen als Verfehlung bestimmt. Auf diesem Hintergrund wird deutlich erkennbar, dass es bei dem biblischen Verständnis von Gerechtigkeit keineswegs um einen primär *moralischen* oder einen ausschließlich *forensisch-juristischen* Begriff geht, sondern hinsichtlich der Gottesbeziehung um einen spezifisch »*theologisch*« gefüllten: Als Gerechtigkeit gilt das der *ganzheitlich-personalen Beziehung* entsprechende Verhalten – von Gott aus gegenüber den Menschen und vonseiten der Menschen gegenüber Gott. Das konkrete Hören, Reden und Tun wird als Ausdruck dieser Beziehung gewertet; es kann weder an die Stelle der Beziehung treten noch könnte das moralische Verhalten seinerseits die Beziehung konstituieren, d. h. begründen oder wiederherstellen.

GERECHTIGKEIT UND DIE KRISE DER SELBSTGEFÄHRDUNG

Auf dem Hintergrund dieser alttestamentlich-jüdischen Tradition erscheint die Frage nach dem neutestamentlichen Verständnis von Gerechtigkeit und vor allem von der Gerechtigkeit Gottes, wie sie in dem Kommen und Wirken, Leiden und Auferstehen Jesu Christi enthüllt worden ist, umso spannender. So kann der Apostel Paulus in dem Briefthema seines berühmten Schreibens an die Gemeinde in Rom formulieren (Röm 1,16 f.): »Ich schäme mich des Evangeliums nicht; denn es ist eine Kraft Gottes zum Heil für jeden Glaubenden – den Juden zunächst und auch den Griechen. Denn die *Gerechtigkeit Gottes* wird in ihm offenbart – aus Glauben zum Glauben [d. h. ausschließlich im Glauben]; wie geschrieben steht: ›Der aus Glauben Gerechte wird leben‹ (Hab 2,4).« Wie kann die Offenbarung der *Gerechtigkeit* Gottes bei Paulus als *Evangelium* – d. h. als *gute Botschaft* – verstanden werden? Inwiefern kann er die »erfreuliche Nachricht«, die diese Gerechtigkeit zum Inhalt hat, als Kraft – von Gott – zum Heil – für jeden – im Glauben verstehen? Bevor der Heidenapostel in Röm 3,21 mit der positiven Entfaltung seiner Grundthese von 1,16 f. beginnt, spricht er zunächst über die *Notwendigkeit* dieser Offenbarung der Gerechtigkeit Gottes (Röm 1,18 – 3,20). Im Hinblick auf die ganzheitlich-personale Beziehung, die dem Menschen von Gott zugedacht ist, und in Anbetracht des gefüllten Verständnisses von Gerechtigkeit, könnte kein Mensch – ob Jude oder Heide – aufgrund seines Denkens, Redens und Tuns vor Gottes Angesicht als gerecht erwiesen werden.

Der Ausgang eines *analytischen* Urteils durch Gott am Tag des Gerichts ist nicht offen, sondern bereits entschieden: »Denn wir haben zuvor Anklage erhoben, dass alle, Juden wie Griechen, unter der Sünde sind« (Röm 3,9). »… damit jeder Mund gestopft werde und die ganze Welt vor Gott schuldig sei« (3,19). »Denn alle haben sie gesündigt und entbehren der Herrlichkeit Gottes« (3,23). Wie ernst Paulus dieses radikale Ergebnis meint – das er bereits in der Schrift bezeugt sieht (3,9-20) –, wird daran deutlich, dass er in seinem Schriftbeweis in Röm 4 sogar Abraham und David in die Reihe der Gottlosen und auf Vergebung angewiesenen Sünder gestellt sieht, die infolge ihres gelebten Lebens keinesfalls vor Gott bestehen könnten.

Rechtfertigung im Sinne des endgültigen und verbindlichen Freispruchs zum Leben durch Gott kann es unter dieser Voraussetzung nicht aufgrund eines *analytischen* richterlichen Urteils geben, sondern ausschließlich als *Begnadigung* der als schuldig Erwiesenen und zu Recht Verur-

teilten. So wie ein Schuldiger und rechtskräftig
Verurteilter hinsichtlich seines gelebten Lebens
auch von einem König oder Präsidenten nicht
anders beurteilt werden, wohl aber durch sie
begnadigt werden kann, so wird den an Christus Glaubenden im Evangelium zugesagt: »Sie
werden *geschenkweise* gerechtfertigt – d.h. sie
empfangen *umsonst* den rettenden Freispruch –
durch seine *Gnade* kraft der Erlösung, die in
Christus Jesus [geschehen] ist« (Röm 3,24).

RECHTFERTIGUNG ALS BEGNADIGUNG – GERECHTIGKEIT ALS GESCHENK

Gott als Richter rechtfertigt die als schuldig
Erwiesenen, indem er sie im Evangelium begnadigt und sie geschenkweise freispricht, ihnen
wirksam zusagt: »Du bist frei!« Dieser Freispruch
aber basiert eindeutig auf einem *synthetischen*
Urteil Gottes: Die Rechtfertigung bewirkt selbst,
was sie zuspricht; sie setzt die Gerechtigkeit und
Freiheit des Menschen nicht voraus, sondern
schafft sie erst durch das vollmächtige Wort. »Du
bist begnadigt! Du bist gerechtfertigt!«, ist eine

performative – die Handlung selbst vollziehende – Aussage. Die Freiheit des Verurteilten wird durch den, der die Autorität hat, Schuldige zu begnadigen, nicht *festgestellt*, sondern *hergestellt*. Die Kraft des Evangeliums und die Gewissheit der Rechtfertigung liegen damit freilich allein in der Autorität dessen begründet, der sie zuspricht, verantwortet und verwirklichen kann.

Was ist dann aber präzise unter der »Gerechtigkeit Gottes«[70] zu verstehen, die Paulus in Röm 1,16 f. als den zentralen Inhalt des von ihm bezeugten Evangeliums von Jesus Christus angibt? Ist dabei (1) an die Gerechtigkeit gedacht, die Gott *selbst* als *Eigenschaft* hat (*Genitivus subiectivus*, Genitiv des logischen Subjekts), oder ist (2) die Gerechtigkeit gemeint, die Gott *wirkt* und *schafft* (*Genitivus auctoris*, Genitiv des Urhebers), oder wird (3) mit Gerechtigkeit Gottes die Gerechtigkeit beschrieben, die der Mensch *vor* Gott, *im Angesicht* Gottes erweisen muss, um vor ihm im Gericht zu bestehen – gemäß der aus der Lutherbibel vertrauten Übersetzung: »die Gerechtigkeit, die *vor Gott gilt*« (*Genitivus obiectivus*, Genitiv des logischen Objekts)? – Um eine lange und komplizierte theologische Diskussion kurz zu machen: Gemäß dem Verständnis des Paulus bringen alle drei Aspekte Entscheidendes in den Blick:

1. *Gott* selbst hat sich – im Unterschied zu Israel und der Welt – in Christus als seinen Menschen gegenüber treu und zuverlässig, und das heißt »gerecht« erwiesen; er hat sogar an seiner Erwählung und Berufung festgehalten, als die Israeliten sich – wie die Völker – nicht der von Gott eröffneten Beziehung entsprechend verhielten, sondern Gott gegenüber untreu und illoyal waren, als sie nicht »sein Volk« sein wollten und er nicht mehr als »ihr Gott« anerkannt wurde. Insofern ist es angemessen, davon zu sprechen, dass »Gerechtigkeit Gottes« *(Genitivus subiectivus) seine Eigenschaft* und *sein Verhalten* bezeichnet: Die Erlösung in Christus geschah »zum Erweis *seiner* Gerechtigkeit in der jetzigen Zeit, dass *er selbst gerecht ist ...*« (Röm 3,26).

2. Wenn der Erweis der Gerechtigkeit Gottes darin besteht, dass er Schuldige begnadigt und Verurteilte freispricht (»Gott ist es, der gerecht macht und freispricht«, Röm 8,33) und dass er

sogar den erwiesenermaßen Gottlosen gerecht spricht (»[Abraham] glaubte an den, der den *Gottlosen* gerecht macht«, Röm 4,5), dann ist die Rede von der Gerechtigkeit Gottes als derjenigen, die er dem Menschen schafft und *für ihn* und *an seiner Stelle* bewirkt *(Genitivus auctoris)*, nicht nur zutreffend, sondern der eigentlich überraschende und zentrale Aspekt des Evangeliums. Gott ist für seinen Teil gemeinschaftstreu und gerecht, und er macht zudem – und gerade als solcher – den gerecht, der sich seinerseits illoyal und ungerecht verhalten hat. Er erweist seine Gerechtigkeit also darin, »dass er selbst gerecht *ist* und den an Jesus Glaubenden gerecht *macht*« (Röm 3,26).

3. Schließlich ist auch der Gedanke der Gerechtigkeit, die *vor* Gott im Endgericht gilt und *ihm gegenüber* bestehen kann – also der »Gerechtigkeit Gottes« im Sinne eines *objektiven* Genitivs – durchaus für die paulinische Darstellung der Rechtfertigung zutreffend, solange stets im Bewusstsein bleibt, dass nicht an die *menschliche* Gerechtigkeit – ob als Jude, als Heide oder auch als Christ (!) – gedacht

ist, sondern an die dem Menschen in Christus von Gott *geschenkte* Gerechtigkeit *(iustitia Dei passiva)*, die »Gerechtigkeit durch den Glauben an Christus, die Gerechtigkeit aus Gott auf der Grundlage des Glaubens« (Phil 3,9)! Sie kommt dem Menschen in dem Sinne als eine »*fremde* Gerechtigkeit« – *iustitia aliena* – zugute, dass ihm die Gerechtigkeit *Christi* »zugerechnet« wird *(iustitia imputativa)*.

Auch die Gerechtigkeit der an Christus gläubig Gewordenen besteht prinzipiell darin, dass Christus für sie von Gott »zur Gerechtigkeit gemacht worden ist« (1. Kor 1,30), und er, der von keiner Sünde wusste, für uns und zu unseren Gunsten »zur Sünde wurde«, damit wir durch ihn »zur Gerechtigkeit Gottes würden«, d.h. zu Menschen, die in ihrem ganzen Sein durch Gottes Gerechtigkeit gekennzeichnet sind (2. Kor 5,21).

Die Zuversicht der an Christus Gläubigen basiert also nicht etwa auf der Hoffnung, dass ihr eigenes Leben seit der Taufe bzw. seit ihrem Gläubigwerden im Endgericht nach den Maßstäben der umfassenden Liebe und der uneingeschränkten Beziehungstreue bestehen könnte. Vielmehr beruht sie allein auf der im Evangelium zugesprochenen Gewissheit, dass Gott, der Vater, uns aufgrund seiner erwiesenen Liebe und grenzenlosen Treue – trotz aller berechtigten und unberechtigten Anklagen gegen uns! – endgültig begnadigen und freisprechen will (Röm 8,31-33). Und sie basiert auf der Zusage, dass Christus, der für uns Gestorbene und Auferstandene, der nun zur Rechten seines Vaters ist, trotz aller Verurteilungen hinsichtlich unseres gelebten Lebens für uns eintritt und Fürsprache für uns einlegt (Röm 8,34)! Vater und Sohn, Richter und Fürsprecher kommen in ihrem Urteil und Plädoyer überein. Bei gleichzeitiger Begnadigung durch den Vater und zusätzlicher Fürsprache durch den Sohn kann man im Sinne von Röm 8 davon sprechen, dass bei der Rechtfertigung in Christus *Gott sich selbst zuvorkommt!*

Nur unter dieser Voraussetzung wird verständlich, dass der Apostel von der endzeitlichen Rechtfertigung als einem *gegenwärtigen* Geschehen sprechen kann: »Nun wir denn *gerechtfertigt worden sind* durch den Glauben, *haben* wir Frieden mit Gott durch unseren Herrn Jesus Christus« (Röm 5,1). Stünde nach Paulus das endgültige Urteil Gottes über die Glaubenden noch aus und wäre von der Bewährung und dem eigenen Verhalten der Gläubigen noch abhängig, ob sie im Endgericht freigesprochen oder endgültig verurteilt werden, dann wären weder die *präsentischen* Aussagen über Rechtfertigung und Heilsempfang noch auch die Zeugnisse der *Heilsgewissheit*[71] nachvollziehbar. Nicht die eigene Gerechtigkeit der Gläubigen macht gewiss, dass fortan keine Macht und keine Größe mehr die Gerechtfertigten von Gott trennen können, sondern ausschließlich die im Evangelium erklärte Liebe und Treue Gottes[72], d.h. die »Gerechtigkeit *Gottes*«.

Selbstverständlich darf die Rechtfertigung des Gottlosen nach Paulus nicht als Rechtfertigung der *Gottlosigkeit* missverstanden werden, und ohne Zweifel sind die aus Gnaden Gerechtfertigten zum Leben in der Gerechtigkeit befähigt und berufen. Dennoch versteht der Apostel das *Gerechtsprechen Gottes* keineswegs im Sinne der gegen die Reformatoren vertretenen *iustificatio effectiva*, der sogenannten »wirksamen Gerechtmachung«, die den Ungerechten zum faktisch ganz gerecht Lebenden machen soll, sodass dieser im Endgericht dann infolge seiner eigenen Werke als Gerechter anerkannt werden wird. Nicht erst für Martin Luther, sondern vor allem für Paulus selbst ist und bleibt es die Gerechtigkeit *Christi*, auf die sich die Hoffnung der Christen allein gründet.[73]

Zusammenfassend lässt sich also zum Verständnis der »Gerechtigkeit Gottes« nach Paulus festhalten, dass die Gerechtigkeit sowohl als Gottes *Eigenschaft* im Blick ist wie auch als Gottes *Heilshandeln*, sowohl als Gottes rettende *Heilsmacht* als auch als Gottes *Heilsgabe* an den Menschen. Sie wird als geprägte Wendung bei Paulus gerade *nicht* für das gerechte Richten und Verurteilen gemäß der *iustitia distributiva* verwandt, sondern speziell für die »*heilbringende*« – d.h. freisprechende und begnadigende – Gerechtigkeit Gottes, die *iustitia Dei salutifera*. Wenn Paulus von dem Vollzug der Rechtfertigung und Gerechtmachung durch Gott spricht, meint er durchgängig die »Rechtfertigung des Gottlosen um Christi willen allein aus Gnade durch den Glauben« – also die *iusti-ficatio impii propter Christum sola gratia per fidem* (Röm 3,24.26.28; 4,5; 5,1.9).

DER GOTTESBEZUG ALS VORAUSSETZUNG MENSCHLICHER GERECHTIGKEIT

Aus alledem wird nun aber deutlich, dass der Rückbezug auf die Gerechtigkeit Gottes und die Betonung des Gottesbezugs nicht nur einer moralischen Orientierung und einer sozial-ethischen Begründung dienen kann, sondern für die Ermöglichung einer gelebten Gerechtigkeit in den sozialen zwischenmenschlichen Beziehungen fundamental ist. Denn es kann bei einer solchermaßen vertieften anthropologischen Sicht nicht nur um Gerechtigkeitsforderungen gehen, sondern zunächst und vor allem um Gerechtigkeits*erfahrung*, nicht nur um reklamierte ethische Normen, sondern um eine proklamierte und zugesprochene *Wirklichkeit* der Gerechtigkeit. Die Kraft der Gerechtigkeit entfaltet sich als *Beziehungswirklichkeit*, nicht als individualistische *Leistung* oder kollektive

Forderung. Insofern ist auch der Gottesbezug aus der Ethik und Verfassung eines Volkes, das durch Gerechtigkeit erhöht – d. h. ausgezeichnet und gefördert – sein will, nicht etwa beliebig oder beliebig ersetzbar. Die Gerechtigkeit hat in Gott und seiner gerechten Zuwendung zu den Menschen ihre grundlegende Orientierung und Begründung, ohne die sie sich nur schwer allgemein plausibilisieren und motivieren ließe. Oder um es etwas salopp zu formulieren: Eine Verfassung ohne Gottesbezug wäre wie ein Navigationsgerät ohne Satelliten.

Dies gilt es heute insofern nachdrücklich hervorzuheben, als neuzeitlich bis in kirchliche Kreise hinein wohl das Gebot der Nächstenliebe als unmittelbar einleuchtend und plausibel erscheint, nicht aber das der Gottesliebe. Wenn wir von der Unantastbarkeit der Würde des Menschen und dessen Recht auf Gerechtigkeit ausgehen, ohne zugleich wahrzunehmen, dass diese Wertschätzung des Menschen sich allererst aus der Wertschätzung und Rechtfertigung durch Gott unwidersprüchlich ergibt, dann kommen wir politisch und gesellschaftlich in größte Plausibilisierungsprobleme. Bekanntlich lebt das »in Gerechtigkeit erhöhte Volk«, leben auch unsere Gesellschaft und unser Staatswesen von Voraussetzungen, die sie selbst nicht begründen können. Und menschenverachtende atheistische Regime haben oft genug bewiesen, dass die viel beschworenen Ideale von Gleichheit, Freiheit und Brüderlichkeit oder das oben beschriebene biblische Ideal von Gerechtigkeit sich nicht schon aus dem Menschen und seiner Gesellschaft selbst heraus ergeben.

DIE ERFAHRUNG DER GERECHTIGKEIT ALS BEFÄHIGUNG ZUM TUN DER GERECHTIGKEIT

Fragen wir nun danach, wie die Erfahrung der Gerechtigkeit Gottes zum Maßstab und zur Voraussetzung eigenen ethischen Handelns gemäß dieser Gerechtigkeit wird, dann ließe sich dies auch ohne Weiteres an den paulinischen Briefen entfalten. Mit dem Hinweis auf die im Evangelium zugesprochene Barmherzigkeit Gottes (Röm 1 – 8) ermuntert Paulus die römischen Christen (Röm 12,1 ff.), nun auch ihrerseits in Gesinnung und Verhalten das eigene Leben Gott und seiner Liebe zur Verfügung zu stellen (Röm 12 – 15) und sich gegenseitig anzunehmen, wie Christus sie angenommen hat (Röm 15,7; vgl. 13,8-10). Denn die erfahrene Beziehungswirklichkeit befähigt wirklich zur Beziehung; und die gewährte Gerechtigkeit ermöglicht gerade das Tun des Gerechten, das eine eingeforderte Gerechtigkeit nicht zu bewirken vermag. Und nachdem Paulus den Galatern in Gal 1 – 4 zugesprochen hat, dass sie allein durch Gottes Gnade in Christus von den beziehungsgefährdenden und lebensabträglichen Mächten befreit worden sind, entfaltet er ihnen in Gal 5 und 6, wie sie diese Freiheit *von* der Knechtschaft als Freiheit *für* den Dienst als Töchter und Söhne Gottes in wechselseitiger Liebe und Anerkennung entfalten können (Gal 5,13 f.). Denn in Christus gelten weder ethnische noch gesellschaftliche noch geschlechtliche Unterschiede etwas, »sondern der Glaube, der durch die Liebe tätig ist« (Gal 5,6; vgl. 3,28; 6,15). Wenn wir uns aber nun auf das menschliche Tun der »Gerechtigkeit« infolge der Erfahrung von Gottes Begnadigung konzentrieren wollen, liegt es bei einer neutestamentlichen Untersuchung zweifellos besonders nahe, sich der Verkündigung und Lehre Jesu nach der Darstellung des Matthäusevangeliums zuzuwenden.

ZUR ETHIK JESU NACH DEM MATTHÄUSEVANGELIUM

Dass auch Matthäus den Begriff der »Gerechtigkeit« auf dem Hintergrund der alttestamentlich-jüdischen Tradition versteht, ergibt sich deutlich aus dem für die Bergpredigt insgesamt programmatischen Satz Jesu: »Wenn eure Gerechtigkeit die der Schriftgelehrten und Pharisäer nicht bei Weitem übertrifft, werdet ihr nicht in das Himmelreich kommen« (Mt 5,20).[74] Mit »Gerechtigkeit« wird bei Matthäus – hier wie auch in 6,1[75] ganz unbestreitbar – ein *menschliches Verhalten* bezeichnet, das sich darin als »gerecht« erweist, dass es *dem Willen Gottes entspricht* (7,21; vgl. 7,24 ff.). Gerechtigkeit ist also das rechte ethische Verhalten des Menschen, das vor dem Urteil Gottes bestehen kann.

Von dem alttestamentlichen Hintergrund des matthäischen Verständnisses von Gerechtigkeit zeugen auch zwei weitere Merkmale: So ist auch bei Matthäus die Gerechtigkeit nicht an einer abstrakten Norm, einer absoluten Idee von »Gerechtigkeit« orientiert, sondern wie im Alten Testament an *konkreten Lebensverhältnissen* und *personalen Beziehungen*. Gerecht ist der Mensch nicht an und für sich, sondern in der Beziehung – zu anderen Personen und zur Gemeinschaft; weshalb das Phänomen der »Selbstgerechtigkeit« wiederum einen Widerspruch in sich darstellt. Als »Gerechtigkeit« *(sedāka)* gilt also das der Beziehung entsprechende, das gemeinschaftsgemäße Verhalten. Und selbst im forensischen Bereich besteht die Gerechtigkeit eines Richters in alttestamentlich-jüdischer Tradition nicht darin, dass er sich auf das unparteiische Recht zurückzieht und »neutral« urteilt, sondern darin, dass er den verschiedenen Seiten »gerecht wird« und die friedlichen Beziehungen wiederherzustellen vermag, dass er »Frieden stiftet« (vgl. Mt 5,9).

Neben diesen beiden Charakteristika – Gerechtigkeit als das dem Willen Gottes entsprechende Verhalten und Gerechtigkeit als personaler Beziehungsbegriff – ist schließlich zu beachten, dass bei dem matthäischen Verständnis von Gerechtigkeit – wie auch bei der alttestamentlichen »Gerechtigkeit« *(sedākā)* – *keine Trennung von Gottesbeziehung und zwischenmenschlichem Verhalten* möglich ist. Die Gerechtigkeit vor Gott äußert sich im angemessenen Verhalten anderer Menschen gegenüber, und wer seinen Mitmenschen nicht »gerecht wird« und nicht der Beziehung entsprechend lebt, verhält sich – in seinem Widerspruch gegenüber dem erklärten Willen Gottes – auch in seiner Beziehung zu Gott nicht loyal und gemeinschaftstreu. So kann es nicht überraschen, dass Matthäus den Begriff »Gerechtigkeit« sowohl auf das angebrachte zwischenmenschliche Verhalten als auch auf das angemessene Verhalten Gott gegenüber anwendet. Wenn die Jünger in Mt 6,1 davor gewarnt werden, ihre »Gerechtigkeit« vor den Menschen zu üben – also zur Schau zu stellen –, dann bezieht der Evangelist den Begriff »Gerechtigkeit« im Folgenden (6,2-4) zunächst auf die Armenfürsorge, das Almosen, als einer konkreten Ausdrucksform zwischenmenschlicher Wohltätigkeit, dann aber auch auf das Gebet (6,5-15) und das Fasten (6,16-18). Ob im sozialen Verhalten oder in Gebet und Fasten, jeweils soll der Jünger das Ausüben seiner Gerechtigkeit nicht zur öffentlichen Selbstdarstellung missbrauchen, sondern ausschließlich in Bezug auf den himmlischen Vater, der in das Verborgene sieht (Mt 6,4. 6. 18), handeln. Nur dasjenige Verhalten wird Gott »gerecht«, das sich ganzheitlich und ungeteilt an Gott und seinem Willen ausrichtet.

DIE NICHT ZUREICHENDE GERECHTIGKEIT

Wenn es zutrifft, dass sich die Forderung Jesu nach der »besseren Gerechtigkeit« (Mt 5,20; 6,1 ff.) auf das gesamte menschliche Verhalten bezieht – sowohl im Hinblick auf Gott und seinen erklärten Willen als auch hinsichtlich der verschiedenen zwischenmenschlichen Lebenszusammenhänge –, dann stellt sich die Frage, worin Jesus nach dem Matthäusevangelium die Unzulänglichkeit der gegnerischen

Gerechtigkeit erkennt. Wirft er den »Pharisäern und Schriftgelehrten« einen lediglich *quantitativen* Mangel an Gerechtigkeit vor oder einen *qualitativen*? Üben die Repräsentanten der zeitgenössischen Synagoge nur *zu wenig* »Gerechtigkeit« oder verfehlen sie die geforderte Gerechtigkeit *grundsätzlich*?

Zunächst werden die damaligen Repräsentanten der Religion und Gesellschaft in der Tat beschuldigt, dass sie selbst nicht tun, was sie andere lehren (Mt 23,3), und dass sie ihre Werke lediglich vollbringen, um von den Leuten gesehen zu werden (23,5; vgl. 6,1-18). Gleich den übertünchten Gräbern, deren äußerer schöner Schein im krassen Gegensatz zu ihrem Inhalt steht, erscheinen sie vor den Menschen äußerlich gerecht (23,28a), innerlich aber sind sie voll Heuchelei und Gesetzlosigkeit (23,28b).

Darüber hinaus gilt der Vorwurf Jesu auch der *Lehre* der zeitgenössischen Autoritäten. Nach Mt 15,1-20 hält Jesus ihnen in der Auseinandersetzung über die »wahre Unreinheit« vor, dass sie um ihrer Überlieferung willen das Gebot Gottes übertreten (15,3) und durch das Lehren von »Menschengeboten« (15,9) Gottes

Wort außer Kraft setzen (15,6). Angesichts dieser umfassenden und radikalen Kritik an dem *Verhalten*, der *Motivation* und der *Lehre* der Schriftgelehrten und Pharisäer wird deutlich, dass nicht nur in Mt 5,20, sondern in der Bergpredigt (Mt 5–7) insgesamt die Repräsentanten des nicht an Christus glaubenden Israel angesprochen sind. Nicht die Weisung Jesu, sondern – so die Kritik des Matthäus – vielmehr die Lehre der nicht an Christus glaubenden jüdischen Gegner setzt Gottes Willenskundgabe in »Gesetz und Propheten« außer Kraft (5,17); sie – und nicht die Jünger Jesu – werden durch ihr Auflösen der Gebote Gottes die Kleinsten im Himmelreich heißen, d. h. das Himmelreich verfehlen (5,19).

Gegen solche illegitimen *Auflösungen des Gotteswillens* in Lehre und Tun und gegen solche *Einschränkungen der Rechtsforderung Gottes* richtet sich die Weisung Jesu Christi, wie sie sowohl in den sogenannten Antithesen (»Ich aber sage euch«, Mt 5,17-48) als auch in den folgenden Ausführungen zum Ausüben der Gerechtigkeit (6,1-18), zum Schätzesammeln und Sorgen (6,19-34), zum Richten (7,1-6), zur Gebetserhörung (7,7-11) und zum Tun des göttlichen Willens (7,12-27) entfaltet wird. Da diese Kundgabe des Willens Gottes durch Jesus absolute Verbindlichkeit hat, werden die Jünger darauf nicht nur zum Abschluss der Bergpredigt verpflichtet (7,24 ff.), sondern vor allem auch durch die göttliche Stimme auf dem Berg der Verklärung (»Dies ist mein lieber Sohn, an dem ich Wohlgefallen habe; den sollt ihr hören!«, 17,5) und durch die »end-gültige« Weisung des Auferstandenen auf dem Berg in Galiläa (28,16-20). Den Auftrag, alle Völker zu Jüngern zu machen, erfüllen die Apostel, indem sie diese taufen und sie alles zu halten lehren, was Jesus ihnen geboten hat (28,20).

DER QUALITATIVE UNTERSCHIED DER »BESSEREN GERECHTIGKEIT«

Worin besteht nun aber der *qualitative* Unterschied der von den Jüngern Jesu geforderten Gerechtigkeit – im Kontrast zu jeder Form von Ungerechtigkeit? Wir können als bisheriges Ergebnis festhalten: Die »bessere Gerechtigkeit« ist dasjenige menschliche Verhalten gegenüber Gott und anderen Menschen, das *dem Willen Gottes entspricht*, – und: Die »bessere Gerechtigkeit« ist dasjenige Verhalten, das *der Weisung Jesu Christi entspricht*. Aber gibt es darüber hinaus die Möglichkeit, die von Jesus geforderte Gerechtigkeit hinsichtlich ihres Inhalts und ihres Wesens näher zu bestimmen? Oder anders gefragt: Verfügen Matthäus und seine Gemeinde über *Kriterien*, mit deren Hilfe sie Streitfragen klären können, für die keine konkreten Überlieferungen Jesu vorgegeben sind?

Als Schlüsseltext zur Bestimmung der besseren Gerechtigkeit nach Matthäus bietet sich dabei eines der Gleichnisse Jesu bei Matthäus an: die Parabel vom unbarmherzigen Knecht – bzw. »vom Schalksknecht« (Mt 18,21-35): Einem König, der mit seinen Knechten Abrechnung halten wollte, wurde ein Schuldner von zehntausend Talenten vorgeführt – einer Summe, die, auch wenn der Knecht als Statthalter gedacht ist, alle realistische Vorstellung übersteigt[76]. Handelt es sich doch umgerechnet etwa um einen Betrag von *100 Millionen* Denaren, wobei die Arbeiter im Weinberg im folgenden Gleichnis (20,1-16) sich mit *einem* Denar als Tagelohn begnügen müssen.

Da der Knecht nichts hatte, um zurückzuzahlen, und er vor dem Verlust seiner ganzen Familie und seines Besitzes stand, bat er den König kniefällig um Geduld und Langmut. »Es erbarmte sich aber der Herr jenes Knechtes und ließ ihn los, und die Schuld erließ er ihm« (18,27).

Wie wir wissen, ging jener Knecht nun hin und zwang einen Mitknecht, der ihm eine vergleichsweise geringe Summe schuldete, trotz allen flehentlichen Bittens um Geduld unbarmherzig und mit Erzwingungshaft zur Rückzahlung seiner Schuld (18,28-30). Man muss nicht erst um die Relation der Schuldbeträge von *einer Million* zu *eins* wissen, um über das unbarmherzige Verhalten des »Schalksknechtes« entsetzt – oder wie die Mitknechte »sehr traurig« zu sein. Dabei übersieht man aber gerne, dass das Eintreiben der Schuld – für sich genommen (!) – noch nicht als Unrecht empfunden werden müsste. Der Knecht besteht ja lediglich auf »seinem Recht«! In Anbetracht dessen aber, was vorausging, erscheint das, was bisher als Recht gegolten hat, nunmehr als *Unrecht*. Unter der Voraussetzung einer solchen Barmherzigkeit und Großmut verändern sich die Maßstäbe für ein als gerecht empfundenes Verhalten – nicht nur quantitativ, sondern *qualitativ*, nicht nur graduell, sondern *prinzipiell*.

DIE DURCH BEZIEHUNGSWIRKLICHKEIT VERÄNDERTEN MASSSTÄBE

Der Hörer der Parabel vom Schalksknecht kann gar nicht anders, als dem König in seinem Urteil (V. 32 f.) beizupflichten: »Du böser Knecht! Deine ganze Schuld habe ich dir erlassen, weil du mich gebeten hast; hättest du dich da nicht auch erbarmen sollen über deinen Mitknecht, wie ich mich über dich erbarmt habe?« Von dieser qualitativen und grundsätzlichen Veränderung der ethischen Wertmaßstäbe – auf der Grundlage dessen, was vorausging – ist die gesamte Entfaltung der »besseren Gerechtigkeit« im Matthäusevangelium bestimmt!

So kann der Rechtsgrundsatz der einfachen Vergeltung: »Auge um Auge, Zahn um Zahn ...« in 2. Mose 21,23-25 (3. Mose 24,20) *an sich* durchaus als *Recht* gelten; denn er begrenzt das Unrecht und gestattet den angemessenen Ausgleich – ob im Sinne der Wiedervergeltung oder im Sinne einer Entschädigungsleistung. Das Unrecht, das durch dieses »Vergeltungsrecht« *(ius talionis)* abgewehrt werden soll – nämlich die *un*verhältnismäßige Vergeltung – spricht sich z. B. in dem Rachegesang des Lamech in 1. Mose 4,23 f. aus: »Einen Mann erschlug ich für meine Wunde und einen Jüngling für meine Beule. Kain soll *siebenmal* gerächt werden, aber Lamech *siebenundsiebzigmal*« – das heißt *maßlos*. Im Vergleich zu solchem Unrecht kann die einfache Vergeltung und das Bestehen auf das eigene Recht durchaus als »gerecht« gelten. In Anbetracht einer vorausgegangenen überwältigenden Begnadigung aber muss die übliche Inanspruchnahme des eigenen Rechtes und die Verweigerung von Erbarmen und Vergeben unweigerlich als *unangemessen* und *ungerecht* erscheinen. Als gerecht kann fortan nur *das der erfahrenen Barmherzigkeit entsprechende Verhalten* gelten.

So gesehen erscheint der entschiedene und vollmächtige Widerspruch Jesu in der Bergpredigt nicht nur als Radikalisierung der ethischen Forderung und als Verschärfung des Sittengesetzes, sondern vorrangig als Zeugnis einer durch die vorausgesetzte Barmherzigkeit Gottes radikal *veränderten Ausgangssituation*: »Ihr habt gehört, dass da gesagt ist (2. Mose 21,24): ›Auge um Auge, Zahn um Zahn‹. Ich aber sage euch, dass ihr nicht widerstreben sollt dem Übel; sondern, wenn dir einer einen Streich gibt auf deine rechte Backe, dem biete die andere auch dar« (Mt 5,38 f.). – Oder: »Ihr habt gehört, dass gesagt ist (3. Mose 19,18): ›Du sollst deinen Nächsten lieben‹ und deinen Feind hassen. Ich aber sage euch: Liebet eure Feinde und bittet für die, die euch verfolgen, damit ihr Kinder seid eures Vaters im Himmel. Denn er lässt seine Sonne aufgehen über Böse und Gute und lässt regnen über Gerechte und Ungerechte« (5,43-45).

DIE »FEINDESLIEBE« ALS BEISPIEL EINER UNBEDINGTEN ZUWENDUNG

Dass die Forderung der *Feindesliebe* den Abschluss und Höhepunkt des ersten Hauptteils der Bergpredigt bildet, erklärt sich daraus, dass sie – eindeutiger noch als das Gebot der

»Nächstenliebe« – eine nicht auf Wechselseitigkeit beruhende Zuwendung beschreibt: Die Hinwendung zu den »Feinden und Verfolgern« kann ihre Motivation weder aus der positiven Erfahrung mit den betreffenden Menschen beziehen noch aus der Hoffnung, dass die Liebe durch Anerkennung, Dank oder Erwiderung belohnt wird. Insofern kann die »Feindesliebe« als das anschaulichste und eindrücklichste Beispiel für eine *nicht konditionierte* – d. h. weder an Voraussetzungen noch an Bedingungen geknüpfte – menschliche Zuwendung und Anerkennung gelten.

In diesem Sinne ist auch die Verwendung der universal verbreiteten »Goldenen Regel« zum Abschluss der Bergpredigt in Mt 7,12 zu verstehen: »Alles, was ihr wollt, dass die Menschen euch tun, ebenso sollt auch ihr ihnen tun. Denn dies ist das Gesetz und die Propheten.« Die an Gottes Willen und Jesu Weisung orientierte Zuwendung zum Nächsten ist dadurch charakterisiert, dass sie sich nicht von der Vorleistung oder der Reaktion des Gegenübers abhängig macht, sondern – anstelle der eigenen *Erfahrung* – vielmehr die eigene *Erwartung* zum Maßstab für das Verhalten anderen gegenüber erhebt. So erweist sich die – für sich genommen – durchaus vieldeutige »Goldene Regel« in diesem Kontext als Variante und Kommentierung des Gebotes der Nächstenliebe nach Mt 22,39 = 3. Mose 19,18: »Du sollst deinen Nächsten lieben *wie dich selbst!*«

Mit diesem Verständnis von Gerechtigkeit leitet Jesus im Matthäusevangelium – unter Hinweis auf die Barmherzigkeit des himmlischen Vaters[77] – zu einem Leben jenseits von Unrecht und Recht an, indem er seine Jünger auf die Liebe verpflichtet. Die Kette des Unrechts, der Verfolgung und des Hasses soll durch das Verhalten der Jünger nicht nur *rechtmäßig begrenzt*, sondern ganz konkret *durch Vergebung unterbrochen* und *durch Liebe überwunden* werden. Durch den Verzicht auf Vergeltung und auf das Nachtragen von Schuld sollen sie Frieden – d. h. umfassende Gemeinschaft, Schalom – stiften (Mt 5,9) und für diese Welt Salz und Licht sein (5,13-16).

JENSEITS VON UNRECHT UND RECHT – DIE GERECHTIGKEIT

Die prinzipielle Bereitschaft, nicht nur die Ebene des *Unrechts* zu meiden, sondern um der neuen »Gerechtigkeit« willen sogar über die Ebene des eigenen *Rechts*anspruches hinauszugehen, spiegelt sich auch in der Frage des Petrus wider, die Matthäus als Einleitung zum Gleichnis vom Schalksknecht (Mt 18,21 f.) überliefert: »Herr, wenn mein Bruder an mir schuldig wird, wie oft soll ich ihm vergeben? Bis zu siebenmal?« Wenn Jesus darauf erwidert: »Ich sage dir, nicht bis *siebenmal*, sondern bis *siebenundsiebzigmal*«, führt er den Jüngern damit vor Augen, dass in einer Welt, die nach wie vor von Lamechs Geist der maßlosen Vergeltung und unbegrenzten Rechthaberei bestimmt ist, nur eine ebenso entgrenzte Liebe und uneingeschränkte Barmherzigkeit die angemessene Antwort der Gerechtigkeit sein kann.[78]

Diejenigen, die nach einem solchen an Gottes Barmherzigkeit orientierten Verhalten verlangen – d.h., die nach dieser Gerechtigkeit hungern und dürsten (5,6) –, werden in den Seligpreisungen zu Beginn der Bergpredigt glücklich gepriesen. Denn als den um der Gerechtigkeit willen Verfolgten und Bedrängten (5,10), als den in ihrer Friedfertigkeit und Barmherzigkeit Ausgelieferten und Machtlosen, gilt ihnen die Verheißung der himmlischen Gottesgemeinschaft und der Teilhabe am Himmelreich (Mt 5,3-12). In dem Wissen, dass der himmlische Vater sie in ihrem Angewiesensein sieht, sollen die Jünger sich nicht an ihre Sorgen verlieren, sondern sich auf die Herrschaft Gottes – und auf das Ausleben der dem Willen Gottes entsprechenden Gerechtigkeit konzentrieren (Mt 6,33 diff. Lk 12,31).

DIE »BESSERE GERECHTIGKEIT« – ILLUSION ODER WIRKLICHKEIT?

Ist diese von Jesus verkündigte – und in letzter Konsequenz bis hin zu seinem Kreuzestod gelebte – neue Gerechtigkeit für seine Jüngerinnen und Jünger sowie für uns heute wirklich lebbar oder bleibt sie illusorisch? Kann sich ein zwischenmenschliches, ein gesellschaftliches und politisches Handeln an der Bergpredigt orientieren, oder zerbricht diese hohe Ethik an der Wirklichkeit dieser Welt?

Einen entscheidenden Einwand gegen die gesellschaftliche und politische Relevanz der Forderung Jesu nach Vergebungsbereitschaft und Feindesliebe kann man jedenfalls leicht entkräften. Sowohl der Evangelist Matthäus wie der zuvor referierte Apostel Paulus können sehr wohl mit dem Phänomen umgehen, dass jemand die Leidens- und Vergebungsbereitschaft der Gemeinde missbrauchen will und die Barmherzigkeit Gottes und anderer zum Anlass für sein eigenes Unrecht nimmt. Wenn ein Gemeindeglied ohne Einsicht und trotz gutem Zureden bleibend andere Menschen und die Gemeinschaft schädigen will, haben die frühen christlichen Gemeinden durchaus klar geregelte rechtliche Mittel und gestufte Formen der Sanktionen, die es verhindern, dass das Unrecht durch falsch verstandenes Erbarmen noch vermehrt wird (z. B. Mt 18,15 ff.; 1. Kor 5,1 ff.).

Das »Recht« ist hier nicht ins Unrecht aufgehoben, sondern wird durch konkretes friedenstiftendes und integratives Verhalten in »Gerechtigkeit« überboten. Die Rechtfertigung des

Sünders wird im Neuen Testament nirgends als Rechtfertigung der *Sünde* missverstanden; aber der Schuldige trifft jeweils auf die Wertschätzung und Zuwendung hinsichtlich seiner Person, die es ihm ermöglicht, sich von seiner eigenen Schuld zu distanzieren und in die Gemeinschaft zurückzukehren. Denn Person und Werk werden weder *identifiziert* (Du bist nur, was du tust) noch *getrennt* (Es ist egal, was du tust), sondern *differenziert* (Du bist begnadigt und angenommen, obwohl du nicht getan hast, was angemessen ist). Bei all dem wird das persönliche Empfinden, Reden und Handeln aber eben nicht auf die Frage der Schuld reduziert oder von der Bereitschaft zur Gegenleistung abhängig gemacht, es orientiert sich vielmehr an dem Ziel der wiederhergestellten Gemeinschaft. Die Frage ist weniger: »Wer hat Schuld?«, sondern: »Was dient dem unaufgebbaren Ziel der auf gegenseitiger Anerkennung und Zuwendung gründenden Gemeinschaft – der Versöhnung und dem Frieden?« Denn die Rache führt ins Unrecht und das Recht kann nur Unrecht begrenzen und Unschuld erweisen, die »bessere Gerechtigkeit« aber hat eine Antwort, die auch noch den Schuldigen aus dem Unrecht in die Gemeinschaft zu integrieren vermag.

Geht ein Leben im Streben nach einer an Gottes Barmherzigkeit orientierten Gerechtigkeit innerhalb dieses Lebens, inmitten dieser Gesellschaft und Zeit auf? Sicherlich: »Nein!«, wenn wir damit meinen, ob wir es erleben werden, dass alle Menschen und Völker innerhalb von Geschichte und Zeit sich vollständig versöhnen und für die Gerechtigkeit gewinnen lassen werden. Die Antwort lautet aber entschieden: »Ja!«, wenn wir uns daran erinnern, dass die »bessere Gerechtigkeit« ja aus Liebe und Einsicht handelt und nicht aus Berechnung und Erwartung eigener Bestätigung und Belohnung.

Die Antwort lautet entschieden: »Ja!«, wenn wir uns vergegenwärtigen, dass die Seligpreisungen Jesu nicht einen innerweltlichen Sinnzusammenhang formulieren, der auch ohne Gottesbezug aufginge, sondern die endzeitlichen Verheißungen des endgültigen Eingreifens, Versöhnens und Tröstens seines himmlischen Vaters. Und so, wie der Weg der Gerechtigkeit, der Sanftmut und Demut (Mt 11,25-30) für den gekreuzigten Jesus selbst erst am Ostermorgen in der triumphalen Auferweckung durch seinen himmlischen Vater seine letzte Bestätigung erfuhr, so harren die, die in seiner Nachfolge der Gerechtigkeit bis zum Kreuz leben wollen, ihres endgültigen Trostes in der himmlischen Gottesgemeinschaft.

GERECHTIGKEIT ERHÖHT EIN VOLK – DAS REALISTISCHE IDEAL DER GERECHTIGKEIT

W enn wir es recht betrachten, dann ist das biblische Ideal der Gerechtigkeit nicht etwa weltfremd und wirklichkeitsvergessen, sondern viel realitätsbezogener und wirklichkeitsorientierter als manche vermeintlich »vernünftigen«, »aufgeklärten«, »humanistischen« oder »neuzeitlichen« Entwürfe einer gerechten Gesellschaft und eines rechtlich verfassten Gemeinwesens. Denn die an Jesus Christus und seinem Wirken, Lehren und Leiden orientierte Gerechtigkeit setzt gerade keine heile Welt voraus, sondern sie gibt Antworten für ein gerechtes Leben in einer ungerechten Welt. Sie geht nicht von der Illusion des guten und unschuldig geborenen Menschen aus, sondern zeigt den Weg zur Gerechtigkeit für fehlbare und schuldig gewordene Menschen durch Gottes Erbarmen.

Die in Gottes grenzenloser Barmherzigkeit gründende zwischenmenschliche Zuwendung und Liebe macht sich gerade nicht vom Wohlwollen und Friedenswillen der anderen abhängig und wartet nicht auf deren Vorleistung oder Entgegenkommen. Sie orientiert sich nicht an der Gegenleistung der anderen, sondern an der vorausgegangenen Erfahrung der unbedingten Zuwendung und Annahme Gottes. Sie vertraut nicht auf weltfremde Illusionen vom guten Menschen, sondern ist den Menschen gut, weil sie sie mit dem realistischen Blick des barmherzigen himmlischen Vaters ansehen will.

Wenn Einzelne, wenn immer mehr, wenn Gruppen und Gemeinschaften unserer Gesellschaft in dem jeweiligen Bereich ihrer Verantwortung solche »Friedensstifter« und nach »Gerechtigkeit Hungernde« und »Barmherzige« sein wollen (Mt 5,1-12), dann werden sie – bei aller eigenen Unzulänglichkeit und allem bleibenden Angewiesensein auf Erbarmen – in dieser Welt wirken wie das Salz in der Speise und wie das Licht in der Nacht (Mt 5,13-16). Dann wird in unserer Gesellschaft etwas sichtbar werden von der biblischen Wahrheit aus Spr 14,34: »Gerechtigkeit erhöht ein Volk!«

TOLERANT AUS GLAUBEN

GLAUBENSGEWISSHEIT UND ANERKENNUNG ANDERER[79]

Es nahten sich ihm aber allerlei Zöllner und Sünder, um ihn zu hören. Und die Pharisäer und Schriftgelehrten murrten und sprachen: Dieser nimmt die Sünder an und isst mit ihnen. Er sagte aber zu ihnen dies Gleichnis und sprach: Welcher Mensch ist unter euch, der hundert Schafe hat und, wenn er eins von ihnen verliert, nicht die neunundneunzig in der Wüste lässt und geht dem verlorenen nach, bis er's findet? Und wenn er's gefunden hat, so legt er sich's auf die Schultern voller Freude. Und wenn er heimkommt, ruft er seine Freunde und Nachbarn und spricht zu ihnen: Freut euch mit mir; denn ich habe mein Schaf gefunden, das verloren war. Ich sage euch: So wird auch Freude im Himmel sein über einen Sünder, der Buße tut, mehr als über neunundneunzig Gerechte, die der Buße nicht bedürfen.«

(Lukas 15,1-7)

TOLERANZ –
DULDUNG ODER ANERKENNUNG?

»Tolerant aus Glauben« und »Glaubensgewissheit und Anerkennung anderer« sind die Themen, denen wir uns auf der Grundlage dieses ersten der drei berühmten Gleichnisse vom Verlorenen – oder sollen wir besser sagen: vom Gefundenen? – aus dem Lukasevangelium widmen wollen. Dabei haben wir zur Verständigung zunächst die Begriffe selbst in Hinsicht auf ihre biblischen Bezüge in den Blick zu nehmen.

Was meinen wir mit »Toleranz«? Verstehen wir den Toleranzbegriff zurückhaltend, dann denken wir an »Duldung«; bestimmen wir den Toleranzbegriff hingegen im gefüllten Sinne, dann beinhaltet er die umfassende »Anerkennung« und »Annahme« des anderen. Ich erinnere mich daran, dass wir als Oberstufenschüler einmal einen dialektischen Aufsatz zu schreiben hatten, bei dessen Themenstellung es um eben diese Differenzierung ging: »Toleranz und Akzeptanz – bestimmen Sie beide Begriffe in ihrem Verhältnis zueinander.«

Begreifen wir Toleranz lediglich im Sinne von »Dulden« und »Duldsamkeit«, dann mag das Wort einen leicht überheblichen und gönnerhaften Ton erhalten: Ein souveräner Herrscher gewährt jemandem Toleranz, er »duldet« ihn mit seinen abweichenden religiösen oder politischen Überzeugungen. Diese Assoziation kann der Begriff Toleranz vor allem im europäischen Ausland auslösen, zumal er für sich genommen und wörtlich weder die Gleichheit noch auch die umfängliche Anerkennung voraussetzt.

Aber es liegt auch eine Stärke in der zurückhaltenden Bestimmung als »Duldung«. Versteht man nämlich das Gebot der Toleranz quasi als Minimalforderung im Umgang mit dem Fremden und Andersartigen, dann ist es sowohl eher realisierbar als auch gesamtgesellschaftlich leichter zu plausibilisieren. Selbst der Nebengedanke der »Souveränität« und der »Gewährung« bringt zumindest zur Geltung, dass die Toleranzforderung auf Einsicht und Zustimmung abzielt und nicht auf Zwang und Unterdrückung. Für echte Toleranz wird geworben; sie kann nicht religiös, politisch oder ideologisch aufgenötigt werden. Auf diesen Aspekt des Bittens, Überzeugens und Werbens werden wir im Zusammenhang der Verkündigung und des Wirkens Jesu noch zurückkommen.

Gehen wir hingegen von einem vertieften Toleranzverständnis aus, dann bringt dies die Schwierigkeit mit sich, dass eine umfassende wechselseitige Anerkennung abweichender Überzeugungen, Normen und Wertsysteme viel schwerer zu begründen und zu realisieren ist. Dies gilt schon innerhalb der kirchlichen Gemeinschaft, wie viel mehr gesamtgesellschaftlich. Zudem bedarf eine umfassende Toleranzforderung unbedingt der Differenzierung, um nicht als pauschale Bejahung von allem und jedem und als utopische Egalisierung aller Verhältnisse und Beziehungen missverstanden zu werden. Es kann aber andererseits nicht strittig sein, dass Jesu Aufforderung zur Feindesliebe, zum Segnen derer, die verfluchen, und zur Fürbitte für die, die beleidigen, mehr beinhaltet als nur ein distanziertes Dulden oder auch ein Geltenlassen auf der Basis der Gegenseitigkeit (vgl. Lk 6,27-36).

Wenn wir uns nun der Entfaltung der Verkündigung und Argumentation Jesu nach dem

Lukasevangelium zuwenden, können wir wohl drei Einsichten als weitgehend akzeptiert voraussetzen:

1. Eine *Unterbestimmung* im Sinne der Gleichgültigkeit gegenüber dem anderen kann mit der hier zu behandelnden Toleranz nicht gemeint sein. Dieses gesellschaftlich verbreitete: »Ich habe dich gern, und du kannst mich auch gern haben!«, ist unserer nicht würdig.

2. Wir sind uns gemeinsam im Klaren, dass wir die *Grundlagen und Voraussetzungen* der Toleranz bedenken müssen. Es geht uns nicht um eine naive und pauschale Toleranzforderung. Die Toleranz bedarf der inhaltlichen und existenziellen Begründung.

3. Inzwischen hat sich sowohl aus theologischen Gründen wie auch aus sozial-psychologischer wie politischer Einsicht die Erkenntnis durchgesetzt, dass wir nicht von Toleranz sprechen können, ohne auch die *Grenzen der Toleranz* klar zu kennzeichnen. Eine naive und undifferenzierte absolute Toleranzforderung würde das Anliegen

einer begründeten Toleranz nicht etwa fördern, sondern gefährden. Wer sich gegenüber einer radikal gelebten Intoleranz anderer nicht zu verhalten weiß, schadet nicht nur sich selbst, sondern auch den Grundlagen der Gemeinschaft, weil er die Intoleranz indirekt stärkt.

AUS GLAUBEN UND AUFGRUND DES GLAUBENS

Schließlich sind auch die Formulierungen »Glaubensgewissheit« und »aus Glauben« noch kurz zu klären. Beim Thema »Glaubensgewissheit und Anerkennung anderer« wird die Polarität hervorgehoben, die darin besteht, dass der Forderung nach Toleranz und damit der Betonung der Solidarität auf der anderen Seite auch die Förderung der Glaubensfestigkeit und damit der Identität entsprechen muss – der Identität des Einzelnen und der Gemeinschaft der Gläubigen. Der Begriff der »Glaubensgewissheit« erinnert an die bereits angesprochene Notwendigkeit eines Fundaments, einer Grundlegung der Toleranz im Glauben.

Bei der präpositionalen Bestimmung »aus Glauben« mag unser Verständnis etwas changieren, d. h. farbig schillern; darin liegt vielleicht sogar ihr besonderer Reiz. Meinen wir damit, dass es dem Glauben – d. h. dem an der Verkündigung, an Kreuz und Auferstehung Jesu Christi orientierten Glauben – entspricht, tolerant zu sein? Ist der Glaube die verbindliche Maßgabe für Forderung und Bereitschaft der Toleranz?

Wer mit den neutestamentlichen Texten vertraut ist, erkennt in der knappen Wendung »aus Glauben« zugleich die prägnanteste Beschreibung der Grundlage und Voraussetzung der christlichen Existenz überhaupt.[80] »Aus Glauben« – d. h. auf der Grundlage des Glaubens, im Wirklichkeitsbereich des Glaubens – werden wir durch Christus aus Gnade versöhnt, angenommen und zur Gemeinschaft mit Gott und miteinander befähigt. »Aufgrund des Glaubens« werden wir »gerechtfertigt«, d. h. von Gott begnadigt und freigesprochen; und »aufgrund des Glaubens« können wir schon hier und jetzt trotz aller Einschränkungen unserer Wirklichkeitserfahrung real in der Gemeinschaft Christi erfüllt und gelingend leben.

Dabei ist entscheidend, dass der Glaube nicht etwa als die vom Menschen zu leistende Vorbedingung zum Heil verstanden wird, sondern als die Art und Weise, in der Gott den Menschen an seiner Liebe und seinem Leben teilhaben lässt. Der Glaube, aus dem die Gläubigen leben, ist selbst schon Geschenk; und die prägnante Formel »aus Glauben« bezeichnet somit selbst schon die Realität der Beziehung und Lebensgemeinschaft der Glaubenden mit Christus. Als Glaubende gründen wir uns nicht in uns selbst, nicht in unserem eigenen Wert und nicht in dem, was wir zu leisten vermögen. Wir verstehen uns vielmehr von dem her, was uns von Gott zugesprochen und garantiert wird.

GOTTES ANNAHME UND ANERKENNUNG

Nun mag man einwenden, dass das Hauptproblem einer biblischen Orientierung hinsichtlich unseres Themas darin zu sehen ist, dass der Begriff der »Toleranz« als solcher in den Traditionen des Alten und des Neuen Testaments keine zentrale Rolle spielt. Diese

Einschränkung lässt sich allerdings nur für die Vokabel selbst, nicht aber für den damit bezeichneten Sachverhalt formulieren. Wenn wir an die Begriffe »Geduld« und »Langmut«, »Barmherzigkeit« und »Gnade«, »Güte«, »Menschenfreundlichkeit« und »Annahme« denken, wird uns sofort deutlich, dass wir von der alttestamentlichen wie neutestamentlichen Wesensbeschreibung Gottes sprechen. In Güte und Geduld steht Gott zu seinem Volk Israel, und in Liebe und Barmherzigkeit wendet er sich der ihm gegenüber feindlich gesinnten Welt zu.

Wenn wir den Toleranzbegriff allerdings an der biblischen Wesensbeschreibung Gottes messen wollen, gewinnen wir sowohl einen sehr hohen Maßstab für das Verständnis von »Annahme« und »Anerkennung« als auch zugleich sehr deutliche Differenzierungen. Denn einerseits wird Gottes »Dulden« auf seine unbedingte Zuwendung und voraussetzungslose Liebe zu den ihn ablehnenden Personen zurückgeführt, aber andererseits beinhaltet die Bejahung der »Sünder« keinesfalls die Verharmlosung, Anerkennung oder gar Bejahung ihrer »Sünde«. »Gerechtfertigt« werden die *Gottlosen*, nicht aber ihre *Gottlosigkeit;* die kann gnädig vergeben und insofern geduldig ertragen werden – nicht aber »anerkannt« und »gutgeheißen«. Die »Versöhnung« Gottes bezieht sich auf die ihm feindlich gesinnten *Personen*, nicht auf deren erklärte *Feindschaft;* die soll gerade nicht »toleriert« – d.h. anerkannt und bestätigt – werden, sondern überwunden.

Mit dieser *Differenzierung* von »Person und Werk« ist nicht etwa eine *Trennung* beider oder eine Geringschätzung des gelebten Lebens und der Leistung gemeint, sondern eine klare Differenzierung zwischen der Person selbst und ihrem Verhalten. Gerade weil Gott die Menschen uneingeschränkt liebt, kann er das, was das Leben dieser Menschen einschränkt, keinesfalls »tolerieren« – im Sinne von »anerkennen« und »gutheißen«. So wird nicht nur Gottes »Toleranz«, sondern gerade auch seine »Intoleranz« gegenüber dem, was Leben und Liebe gefährdet und zerstört, als Ausdruck seiner Liebe und nicht etwa als Unduldsamkeit oder Ablehnung erkannt.

Sowenig wie Eltern bei der Erziehung ohne eine Differenzierung von »Person und Werk« auskommen könnten, sondern die Zuneigung zu ihren Kindern mitunter gerade im Nichttolerieren eines gefährlichen Verhaltens erweisen müssen, so wird auch Gottes »Nein« zu menschlicher Gefährdung und Zerstörung als Ausdruck seines »Ja« zu den Menschen selbst verstanden. Denn wie sollte man ein verantwortliches Toleranzverständnis anders fassen, wenn z. B. kleine Kinder sich mit Küchenmessern streiten wollen?

Entsprechendes ließe sich an der Differenzierung von *Liebe und Wahrheit* durchführen: Die Liebe gilt uneingeschränkt der Person; aber um eben dieser Liebe willen ist die Konfrontation mit der Wahrheit unumgänglich. Wir könnten auch an die Duale von *Zuspruch und Anspruch* Gottes erinnern oder von *Evangelium und Gesetz* – wobei mit »Gesetz« im theologischen Sinne nicht etwa das Alte Testament oder die »Tora« (d. h. die fünf Bücher Mose) insgesamt bezeichnet wird, sondern Gottes den Menschen bei seinem Verhalten behaftendes Wort.

JESU ANNAHME DER SÜNDER UND DIE INTEGRATIONSLEISTUNG DES EVANGELIUMS

So liegt in der hochdifferenzierten biblischen Bezeugung der »Toleranz Gottes« gewiss ein enormes Orientierungspotenzial für die Forderung nach zwischenmenschlicher Toleranz. Was eine Rückbesinnung auf die Zeugnisse der ersten Christen – und hier speziell auf das Lukasevangelium und die Apostelgeschichte – zudem als lohnend erscheinen lässt, ist die atemberaubende Integrations- und Inkulturationsleistung, die der frühen Kirche in den ersten Jahrzehnten ihres Entstehens abverlangt wurde.

1. Das, was Jesus in seiner offenen Zuwendung zu den »verlorenen Schafen« in Israel – den sprichwörtlichen »Zöllnern und Sündern« – seinen Jüngern und den Gerechten[81] in Israel zumutete, musste nach deren Selbst- und Weltverständnis »Murren« – als Reaktion auf ein »nicht tolerierbares« Verhalten – provozieren (Lk 15,2).[82] Aber nicht nur Jesu Annahme der Sünder in Israel, sondern auch seine – gerade

von Lukas herausgestellte – Vorurteilsfreiheit gegenüber Samaritern[83] und seine für die Zeit ungewöhnliche Anerkennung und Aufwertung der Frauen[84] stieß auf Befremden und Widerstand.[85] Die Auseinandersetzungen um diese Zuwendung Jesu zu den Armen, zu den Sündern und Ausgeschlossenen in Israel, diese leidenschaftliche Verteidigung des Evangeliums von der Zuwendung und Barmherzigkeit Gottes durch den irdischen Jesus selbst können wir historisch als den »*ersten* Sitz im Leben« dieser Jesusüberlieferungen erkennen.

2. Diese Traditionen von Jesu Begegnungen und Tischgemeinschaften, von Jesu Worten und Gleichnissen gaben seinen Nachfolgerinnen und Nachfolgern auch nach Kreuz und Auferstehung ihres Herrn Maßstab und Vorbild, als die Verkündigung der angebrochenen Gottesherrschaft über Jerusalem und Judäa hinaus ihren Weg über Samarien bis zu den Heiden fand (vgl. Apg 1,8; 11,1 ff.; 15,1 ff.). Können wir uns die Herausforderung für die überwiegend aramäisch sprechende Urgemeinde vorstellen, als sie erfuhr, dass sich nun auch griechisch sprechende

Heiden auf ihren Herrn bezogen und ihren Gott der Väter mit »Abba, lieber Vater!« anriefen? Bei diesem Übergang des Evangeliums von der jüdischen Urgemeinde in Judäa und Galiläa hin zu den aus Juden und Heiden zusammengesetzten gemischten Gemeinden in der griechisch sprechenden und denkenden Diaspora ist der »*zweite* Sitz im Leben« dieser Jesusüberlieferungen zur Verteidigung der Annahme der Sünder zu erkennen.

3. Zur Zeit des Lukas- oder des Matthäusevangeliums selbst waren diese missionstheologischen Grundentscheidungen der Toleranz und Akzeptanz der ursprünglichen Heiden in der Gemeinde Jesu Christi längst vollzogen. Die Brisanz der vorbildlichen Hinwendung Jesu zu den Fremden, Andersartigen und Ausgegrenzten erwies sich nun vor allem bei der Frage des Umgangs mit denen, die als Glieder der Gemeinde abweichend von der eigenen Überzeugung dachten und handelten – oder auch unbestritten gefehlt hatten. So überliefert gerade Matthäus das Gleichnis vom Verlorenen Schaf im Zusammenhang einer Gemeinderede (Mt 18,1-35), in

der es anschließend um die Begründung der siebenundsiebzigfachen – d.h. unbegrenzten – Vergebungsbereitschaft unter »Brüdern« geht. In dieser Einladung und Aufforderung zur *innergemeindlichen* Toleranz ist dann der »*dritte* Sitz im Leben« der das Evangelium verteidigenden Verkündigung Jesu von der Güte seines himmlischen Vaters zu erkennen.

DIE VERBINDUNG DES SCHEINBAR WIDERSPRÜCHLICHEN

Für unseren heutigen kirchlichen wie gesellschaftlichen Kontext liegen Faszination und Herausforderung dieser vielfältigen Anwendung des Evangeliums Jesu in der Verbindung des für uns scheinbar Widersprüchlichen. Die Toleranzforderung erwächst nicht aus einer *Relativierung* der religiösen Überlieferungen und einer Tendenz weltanschaulicher *Vereinheitlichung*, sondern sie gründet umgekehrt in einer dezidierten *Glaubensgewissheit* und einem unbeirrten *Sendungsbewusstsein*. Die Kraft zur Toleranz erwächst aus der Glaubensfestigkeit und steht nicht im Gegensatz zu ihr. Das Evangelium hat von Beginn an nicht für eine Toleranz *trotz* des Glaubens, sondern »*aus* Glauben« geworben. Dabei wurde die Aufforderung zur Annahme und positiven Zuwendung nicht etwa nur auf diejenigen bezogen, die ihrerseits den Weg in die Glaubensgemeinschaft suchten, sondern ausdrücklich auch auf die, die nicht zu gegenseitiger Toleranz bereit waren und den an Christus Glaubenden ihrerseits mit Vorbehalt und Ablehnung begegneten. Hatte doch Jesus seine Jünger mit dem Hinweis auf die Barmherzigkeit ihres himmlischen Vaters sogar zur Liebe gegenüber den Feinden aufgerufen: »Liebet eure Feinde; tut wohl denen, die euch hassen; segnet, die euch fluchen; bittet für die, die euch beleidigen« (Lk 6,27 f. 38).

DAS WERBEN FÜR DIE TOLERANZ

Vergegenwärtigen wir uns, auf welche Weise Jesus selbst und mit Bezug auf ihn die Evangelien sich für eine Toleranz einsetzen, die mehr als »Dulden« und nicht weniger als die »Annahme« und »Anerkennung« des anderen als Person bedeutet, dann fällt zunächst und vor allem die entgegenkommende, gewinnende, ja *bittende* Art der Argumentation und Darstellung auf. Wenn wir zu Anfang bei dem Begriff der Toleranz den Beigeschmack der Souveränität und Überlegenheit bemängelten, so findet er an dieser Stelle durchaus seine positive Entsprechung. Eine Toleranz im gefüllten Sinne von persönlicher Anerkennung und umfänglicher Annahme kann weder mit politischen Mitteln durchgesetzt noch ideologisch erzwungen werden; für eine solche Toleranz kann nur geworben werden, und eine solche Zuwendung wird in der Tat freiwillig und aus Liebe und Einsicht gewährt.

Dabei lassen sich gerade in den Gleichnissen Jesu drei verschiedene Weisen erkennen, in der er die zunächst ablehnend Reagierenden zu einer neuen Einstellung gegenüber dem Evangelium führt und sie damit zu einem grundlegenden Perspektivenwechsel und einer existenziell neuen Sicht einlädt.

1. Zunächst und vor allem wird der Blick auf *Gott selbst* und *sein Wesen* gelenkt: Gott ist wie

ein Hirte, der selbstverständlich nach seinem verlorenen Schaf sucht; er ist wie ein liebender Vater, der in seiner Liebe gar nicht anders kann, als seinen wiederkehrenden Sohn vergebend in die Arme zu schließen (Lk 15,1-32). Gott ist wie ein Gläubiger, dem es gefällt, die große, ja sehr große Schuld seiner beiden Schuldner von sich aus zu erlassen (Lk 7,41 f.).

Damit werden die zunächst Verschlossenen dazu eingeladen, den eigenen Standpunkt einmal zu verlassen und dieselbe, zunächst befremdende Situation mit den Augen Gottes zu sehen. »So gütig und barmherzig ist Gott – zu dir und zu denen, denen du die Anerkennung und gleiche Würde bisher verweigerst!« Darin spricht sich die tiefe Erkenntnis aus, dass Annahme vom Angenommensein herrührt und das eigene Nach-Hause-Finden im Gefundensein gründet: »Dieser mein Sohn … war verloren und ist *gefunden worden!*« (Lk 15,24.32). Die Fähigkeit zur Liebe erwächst aus der eigenen Erfahrung der Liebe; und es bedarf eines Gegenübers, um sich selbst und andere angemessen zu erkennen. Liebe kann nicht erzwungen werden, sie wird reflektiert!

2. Neben dieser Beschreibung des Wesens Gottes überrascht auch der Perspektivenwechsel im Blick auf die zunächst bedrohlich und fremd erscheinenden anderen. Sie sind wie ein »verlorenes Schaf«, eine »verlorene Drachme«, ein »verlorener Sohn« (Lk 15); ja sie sind wie »Kranke, die des Arztes bedürfen« (Lk 5,31) und wie »Verschuldete« (Lk 7,41 f.), die nur noch auf Gnade hoffen können.

Mit diesem Perspektivenwechsel werden die Besorgten in ihrer Einschätzung durchaus ernst genommen, und die nicht tolerierbare Voraussetzung wird keineswegs bestritten. Die Sünde der Sünder wird nicht verharmlost; und dennoch erscheinen diese plötzlich aus der Perspektive des barmherzigen Gottes unter dem Aspekt ihres *Angewiesenseins*. Auch dieser Perspektivenwechsel beinhaltet wieder eine unmittelbar einleuchtende Wahrheit. Angst und Aggression gründen in dem Eindruck der Bedrohung und Gefährdung; wer sich sicher ist und sich nicht bedroht fühlt, der muss sich auch nicht aggressiv abgrenzen.

Ein Feind, den man sich direkt vor Augen stellt, wirkt höchst bedrohlich; aber durch die

Fähigkeit der Distanzierung wird die Gefahr entdämonisiert und auf ihr wirkliches Bedrohungspotenzial reduziert. Die Beschreibung der Schwachheit und des Angewiesenseins des Fremden, die die Befremdung nicht überspielt, sondern einbezieht, schafft die Voraussetzung für eine angstfreie Begegnung.

So geht es letztlich um die Erübrigung von unbegründeter Angst, denn solange die Angst bestimmend ist, kann Toleranz nicht aufkommen. In der Verhaltensforschung würden wir von einer »Beißhemmung« sprechen, die die Wahrnehmung der eindeutigen Unterlegenheit und Schwachheit des anderen auslöst. So sind wir auch zutiefst bestürzt, wenn Menschen offensichtlich ohne jede sozial erlernte Hemmung sich an den Schwächsten und am Boden Liegenden aggressiv auslassen. Wie tief müssen die Verwundungen sein, wenn jemand ohne jede Situationsangemessenheit wie unmittelbar um sein Leben kämpfend um sich tritt!

3. Schließlich wird in den Gleichnissen und Auseinandersetzungen Jesu der Perspektivenwechsel auch dadurch herbeigeführt, dass die

Vorurteile gegenüber den nicht Tolerierten *entlarvt* werden und die *Ablehnung* gegebenenfalls als *unbegründet* erwiesen wird. Denn die zuvor betrügerisch handelnden Zöllner Levi und Zachäus vollziehen durch die Zuwendung Jesu in der Tat eine Lebenswende und machen das Unrecht weit über Erwarten wieder gut (Lk 5,27 ff.; 19,1 ff.); der »barmherzige Samariter« beschämt mit seinem nicht berechnenden und vorurteilsfreien Handeln die vermeintlich Gerechten (Lk 10,25 ff.); der verlorene Sohn erweist sich vom Ende her als der tatsächlich vom Vater wiedergefundene (Lk 15,11 ff.); und die als Sünderin verachtete Frau reagiert in ihrer dankbaren Liebe so überschwänglich, dass ihre Zuwendung das an sich korrekte Verhalten des Gastgebers plötzlich als unzureichend erscheinen lässt (Lk 7,36 ff.). Das, was bisher als »Recht« erschien, wird in jedem dieser Fälle durch die neue Perspektive des Handelns aus Liebe, Dankbarkeit und Einsicht übertroffen. Und das generelle Ablehnen und pauschale Misstrauen den Andersartigen gegenüber wird als beschämendes Vorurteil erwiesen.

All diese gewinnenden und bezwingenden Argumente des Evangeliums wollen letztlich einheitlich dazu einladen, jeweils den eigenen Standpunkt auf Gott und seine Barmherzigkeit hin zu verlassen und sich selbst und die anderen neu und bleibend mit diesen Augen Gottes zu sehen. Denn das, was alle verbindet, ist ihre Zugehörigkeit zu dem Vater Jesu Christi – sie wissen es oder wissen es nicht. Und was die Suche des Hirten, der Frau oder des Vaters in Lk 15 motiviert, ist allein, dass alles Verlorene in Wirklichkeit und umso mehr zu dem gehört, der es sucht. Der Wert liegt bereits in der Zugehörigkeit begründet und nicht erst im angemessenen Verhalten.

Was qualifiziert das verlorene Schaf für die Suche seines Hirten, und was trägt der verlorene Groschen zu seinem Gefundenwerden bei? Und wollten wir den verlorenen Sohn nach unserem Vorverständnis für seine Abkehr von den Schweinetrögen rühmen, so belehrt uns der begeisterte Freudenruf des Vaters, dass in Wahrheit »ein Toter lebendig« und »ein Verlorener gefunden wurde« (Lk 15,24.32). Wer empfindet nicht Freude, wenn etwas lange Gesuchtes plötzlich gefunden wird? Und wer kennt nicht das Bewusstsein des Entbehrens, wenn etwas dringend Benötigtes unauffindbar scheint? Mit der Einladung: »Freut euch mit mir!« (Lk 15,6.9), wird nicht nur für Toleranz im Sinne von »Duldung«, sondern für gemeinsame »Annahme« und persönliche »Anerkennung« geworben.

Freilich wissen wir nur zu gut auch um die Möglichkeit der Verweigerung dieser Einladung und der Verhärtung gegenüber der Mitfreude mit Gott. So hat das letzte der drei Gleichnisse vom Verlorenen in Lk 15 auch ein seltsames »Achtergewicht«, indem es von der verärgerten Reaktion des vom Felde zurückkehrenden älteren Bruders berichtet. Er stört sich sichtlich an der Toleranz seines Vaters gegenüber dem jüngeren Bruder. Seine Intoleranz gilt allerdings nicht nur dem vergangenen *Verhalten* – da würde ihm der Vater durchaus recht geben, indem er selbst den Heimkehrenden als zuvor »verloren« und »tot« beschreibt –, sondern bleibend und unversöhnlich der *Person* seines Bruders.

Vielleicht können wir aus diesem letzten, traurigen Gleichnisteil das Einschneidendste zum Thema Toleranz lernen. Gerade an diesem Beispiel der Verweigerung von Versöhnung und Annahme wird erkennbar, dass Toleranz nur aus der eigenen Gewissheit und Stärke erwächst. Der ältere Bruder war sich seiner eigenen Stellung und Wertschätzung durch den Vater offensichtlich zu wenig bewusst, obwohl sie – wie die Antwort des auch ihn bittenden und aufsuchenden Vaters eindrücklich zeigt – in Wirklichkeit nie gefährdet war: »Mein Sohn, du bist allezeit bei mir, und alles, was mein ist, das ist dein!« (Lk 15,31).

TOLERANZ AUS BEZIEHUNGSGEWISSHEIT, ANNAHME AUFGRUND VON ANGENOMMENSEIN

Sosehr wir gesellschaftlich auch über die Notwendigkeit der Grenzen von Toleranz sprechen müssen und akzeptieren sollten, dass es Situationen gibt, in denen eine passive Duldung und naive Zulassung gerade die Voraussetzungen des Zusammenlebens und die Ermöglichung von Toleranz gefährden und zerstören, sosehr haben wir hier ein Beispiel für *unbegründete* Angst, aus der heraus eine *unangemessene* Intoleranz erwächst – unangemessen vielleicht nicht aus der Perspektive des sich betrogen fühlenden Bruders, wohl aber aus dem Blick des beide Söhne gleich liebenden Vaters. Aus dem Blickwinkel des Vaters gab es keinen Grund für Neid und Sorge, weil seine Liebe durch das Teilen nicht weniger wurde! Aber aus der subjektiven Sicht des älteren Bruders, der sich selbst offensichtlich von seinem eigenen Tun und dem Wert seiner Arbeit her verstand (Lk 15,29 f.), bewirkte der aus der Fremde kommende Sohn Verunsicherung und Verlustangst. Um tolerant zu sein und in die Annahme und Anerkennung des Vaters einstimmen zu können, hätte der ältere Sohn sich seiner Beziehung zum Vater ganz gewiss sein müssen.

So gilt, dass Beziehungsgewissheit sowie eigene Überzeugung und Stärke nicht Gegenbegriffe zur Toleranz sind, sondern deren notwendige Voraussetzung. Wer *Solidarität* erreichen will, muss *Identität* stärken, und wer die *Sozia-*

lisation ausbilden will, der muss den Raum für eine in Beziehung und Zuwendung ermöglichte *Individuation* schaffen. Indem Eltern sich ihren *Kindern* zuwenden und sie lieben, werden diese fähig, *Geschwister* zu sein; und wenn Geschwister sich gegenseitig annehmen können, lernen sie es, sich *Fremden* angstfrei und selbstbewusst zuzuwenden: »Da ging sein Vater heraus und bat ihn ... ›Mein Sohn, du bist allezeit bei mir, und alles, was mein ist, das ist dein. Du solltest aber fröhlich und guten Mutes sein; denn dieser dein Bruder war tot und ist wieder lebendig geworden, er war verloren und ist wiedergefunden‹« (Lk 15,28.31 f.).

Wie antwortet der ältere Bruder auf die eindringliche Bitte seines Vaters hin? Nun, die Antwort des Angesprochenen steht am Ende des Gleichnisses noch aus, weil es im Evangelium nicht um Fremdunterhaltung geht, sondern um eigene Lebensgestaltung. Die Zuhörenden können sich ihrer eigenen Antwort nicht entziehen und werden durch den Perspektivenwechsel von Jesus dazu angeleitet, sich selbst und andere mit den Augen seines Vaters zu betrachten.

KONSEQUENZEN AUS DEM EVANGELIUM VON DER ANNAHME

1. Die Begründung der Toleranz wird im Neuen Testament auf dreifache Weise entfaltet. Grundlegend ist die *schöpfungstheologische* Argumentation. Die Barmherzigkeit des Vaters gilt allen Menschen als solchen, da sie alle Geschöpfe des einen Gottes sind. Wert und Würde jedes Menschen sind schon darin begründet, dass die Zugehörigkeit zu Gott sie als unentbehrlich und unverwechselbar erweisen. Ungeachtet ihres möglichen »Verloren-«, »Schuldig-« oder »Krankseins« – oder vielmehr gerade wegen ihrer Gottesferne – gilt ihnen die ungeteilte Aufmerksamkeit Gottes als des »Hirten«, »Vaters« oder »Arztes«. – »Denn er ist gütig über die Undankbaren und Bösen. Seid barmherzig, wie auch euer Vater barmherzig ist« (Lk 6,35 f.).

2. Durchgängig wird im Neuen Testament die Anleitung zur Toleranz *christologisch* begründet. Dies ist in den Evangelien besonders evident, da sie sich von Anfang an als Evangelium von Jesus Christus verstehen und alles, was sie

zu sagen haben, an dem Leben und Wirken, an dem Handeln und Lehren, an der Passion und der Auferstehung Jesu orientieren. Der irdische Jesus und auferstandene Christus ist für die Evangelisten nicht nur historisches *Vorbild*, sondern vielmehr bleibende *Grundlage* und reale *Voraussetzung* für alle Verkündigung in Zuspruch und Anspruch. Dies gilt aber nicht weniger für die neutestamentliche Briefliteratur: Wenn Paulus die Gemeinde in Röm 14,1 – 15,7 zu gegenseitiger Toleranz und Annahme ermahnt, dann tut er das unter Hinweis auf das Angenommensein durch Christus, das er zuvor ausführlich in den ersten elf Kapiteln entfaltet hat. Und wenn er die Philipper zu gegenseitiger Hochschätzung und wechselseitiger Rücksichtnahme ermuntert, dann begründet er diesen hohen Anspruch mit dem Zitat des berühmten Christushymnus in Phil 2,5.6-11: »Ein jeglicher sei gesinnt, wie Jesus Christus auch war« oder: »… wie es in Jesus Christus angemessen und möglich ist, gesinnt zu sein« (V. 5).

Nun könnte man erwägen, ob man innerchristlich in diesem Sinne christologisch argumentiert und im außerkirchlichen Diskurs unter

Absehung von der Christologie. Ist die christologische Perspektive nicht lediglich eine spezielle und nachgeordnete, während die schöpfungstheologische Perspektive die übergeordnete und verbindende ist? Die neutestamentlichen Zeugen gingen mit Gründen den umgekehrten Weg! Das Wesen des »einen Gottes« ist nicht schon von einem allgemeinen Gottesgedanken her eindeutig bestimmt, und dass der Schöpfer seine Schöpfung in unwiderruflicher Treue und Barmherzigkeit liebt, ergibt sich keineswegs so eindeutig aus der allgemeinen Beobachtung der Natur oder der Geschichte – und auch nicht aus einem allgemeinen Religionsbegriff.

Wer Gott wirklich ist und wie er sich endgültig – d. h. verbindlich und bleibend – offenbart hat, erkennen die ersten Christen im Angesicht Jesu Christi. Von der Christuserkenntnis her wird die Offenbarungsgeschichte vereindeutigt, und dass der Schöpfer wirklich barmherzig und treu ist, erweist sich in der Menschwerdung und Lebenshingabe seines eigenen Sohnes. So geht es auch bei dem Bekenntnis zu der vorgeburtlichen Präexistenz des Gottessohnes in der Gemeinschaft mit seinem himmlischen Vater

(Joh 1,1 ff.; Phil 2,6 ff.), so geht es bei der Erkenntnis der Schöpfungsmittlerschaft Christi als des »Wortes Gottes« (Joh 1,1 ff.; 1. Kor 8,6) und bei der überraschenden Verbindung Jesu mit Abraham (Joh 8,56 ff.; Gal 3,16) oder bei Jesajas auf Christus bezogener Gottesschau (Joh 12,41) nicht um dogmatische Spitzfindigkeiten, sondern um hermeneutisch grundlegende Erkenntnisse für die Glaubensgewissheit. Weil der Gottesbegriff von Christus her seine positive Eindeutigkeit gewinnt, ist der Ansatz bei dem Sohn Gottes – und damit bei dem Vater Jesu Christi – unaufgebbar. Aus christlicher Perspektive reden wir von dem »*einen* Gott« grundsätzlich als von dem *trinitarischen* – d.h. *drei-einigen* oder *drei-faltigen* – Gott.

Das, was den Blick für anders Denkende und anders Glaubende öffnet, ist nach dem Evangelium die Gotteserkenntnis im Angesicht Jesu Christi und die befreiende Wirkung seines Geistes (2. Kor 3,17 f.; 4,6). Die unaufgebbare Würde des Fremden und die Perspektive auf den anderen als den von Gott gleich Geliebten ergeben sich gerade durch das Hören und Schauen auf den Vater Jesu Christi. Wie kann man der

Schwester oder dem Bruder schaden wollen, um derentwillen doch Christus gestorben ist (1. Kor 8,11)?

3. Schließlich sei zur Begründung der Toleranzforderung auch noch darauf hingewiesen, dass sie wie jede neutestamentlich-ethische Anweisung *eschatologisch* – d.h. vom *Ende* und der göttlichen *Vollendung* her – motiviert wird. Gegen alle Anfechtungen und Zweifel und angesichts aller vergeblich erscheinenden Mühe wird daran festgehalten, dass es Gott selbst sein wird, der endgültig Sünde und Tod überwindet und seinen Menschen versöhnend und tröstend ihre Tränen abwischt (Offb 21,1 ff.).

Dies ist insofern unentbehrlich, als Feindesliebe und Annahme, Vergebungsbereitschaft und Tun der Gerechtigkeit innerhalb der eigenen Biografie und der erfahrbaren Geschichte sich wohl für andere und die Gemeinschaft als lohnend und sinnvoll erweisen, hinsichtlich der sich selbst Hingebenden aber die Frage nach Gottes Barmherzigkeit noch nicht befriedigend klärt. Wie könnten wir die Lebenshingabe Jesu ohne das Licht des Ostermorgens verstehen?

Wie könnten wir Gott als gütig und liebend bekennen, wenn geschichtlich das Unrecht und das grenzenlose Leid das letzte Wort behalten würden, wenn die Intoleranz und Feindschaft ausgerechnet über die Liebenden und Friedenstiftenden, über die Opfer und Leidenden der Geschichte endgültig triumphieren dürften? Auch hier geht es wieder nicht um entbehrliche »letzte Dinge«, sondern um die Grundlagen des Gottesbegriffs. Von Gottes Barmherzigkeit und Toleranz als »Annahme« und »Anerkennung« kann nur insofern als verantwortlich und vorbildlich gesprochen werden, als dieser Gott in seinem endgültigen Eingreifen und »Zu-Recht-Bringen« auch die Grenzen seiner Toleranz und seines »Duldens« erweist und für seine Menschen alle Ungerechtigkeit und Feindschaft überwindet.

ANMERKUNGEN

[1] Vortrag anlässlich der Verleihung des Sexauer Gemeindepreises für Theologie am 29.11.2008 in Sexau.

[2] S. zum Ganzen: H.-J. Eckstein, Das Wesen des christlichen Glaubens, in: ders., Der aus Glauben Gerechte wird leben. Beiträge zur Theologie des Neuen Testaments, BVB 5, 2. Aufl., Münster u.a. 2007, 3–18 (fachwissenschaftlich); ders., Glaube, der erwachsen wird, 7. Aufl., Holzgerlingen 2008, 37ff. (allgemeinverständlich); ders., Glaube als Beziehung. Von der menschlichen Wirklichkeit Gottes, Grundlagen des Glaubens 2, 2. Aufl., Holzgerlingen 2006 (allgemeinverständlich).

[3] Im Johannesevangelium findet sich das Zeitwort »glauben« 98-mal, während der Evangelist das abstrakte Hauptwort »Glaube« vermeidet.

[4] So 1. Thess 1,7; 2,10.13; 1. Kor 14,22 oder nach Gal 6,10 als »Hausgenossen des Glaubens«.

[5] Röm 13,11; Gal 2,16; 1. Kor 3,5; 15,2.11 u.ö.

[6] Vgl. in diesem Zusammenhang auch Joh 3,36; Apg 14,2; 1. Petr 2,8; 3,1; 4,17.

[7] Röm 6,8; 10,9; 1. Thess 4,14.

[8] Für Paulus untypisch; s. 1. Kor 13,7; vgl. 2. Thess 1,10b; Joh 11,26b.

[9] S. Röm 4,3.17; Gal 3,6.

[10] S. Gal 2,16; Röm 10,14a; Phil 1,29.

[11] Zum Verständnis des Glaubens als eines personalen Beziehungsbegriffs im Licht der Liebe Gottes s. H.-J. Eckstein, Du liebst mich, also bin ich. Gedanken, Gebete und Meditationen, 15. Aufl., Holzgerlingen 2009.

12 Auch die Rede vom »Glauben Christi« u.ä. in Röm 3,22.26; Gal 2,20; Phil 3,9 spricht nicht etwa vom »Glauben, den *Christus* hatte«, sondern – wie auch Gal 2,16; Röm 10,14; Phil 1,29 ausdrücklich bestätigen (»an Christus glauben«/»an Christus gläubig werden«) – vom »Glauben *an* Christus« im oben beschriebenen umfassenden Sinn.

13 Röm 1,17; 3,26.30; 5,1; 9,30; 10,6; Gal 2,16c; 3,8.11. (22.)24; 5,5.

14 Röm 3,22.30; Gal 2,16a; Phil 3,9.

15 S. neben Röm 3,24 vor allem Phil 1,29: »Denn euch ist es *geschenkt* um Christi willen, nicht allein an ihn zu glauben…« Vgl. Eph 2,8: »Denn *aus Gnade* seid ihr selig geworden *durch Glauben*, und das nicht aus euch: *Gottes Gabe* ist es.«

16 S. Röm 3,24; 4,4.16; 5,2.15.17.20.21; 6,14f.; 11,5f.; Gal 1,6.15; 2,21; 5,4 u.ö.

17 S. Röm 2,17.23; 4,2; 1. Kor 1,29-31; Gal 6,13f.; vgl. Eph 2,9.

18 S. Röm 3,21 ff.; 4,1 ff.; 5,1 f.; Gal 2,16; 3,1 ff.

19 In diesen Zusammenhang der Heilsgewissheit und Zuversicht in Anfechtung und Leiden gehört auch die Erkenntnis der dem Glauben vorangehenden göttlichen Erwählung und Berufung; s. Röm 8,28-30; 9,11f.15f.23f.; 11,5-7.28f.; 1. Kor 1,27; 1. Thess 1,4; vgl. Eph 1,2-12; 2,8; 2. Thess 2,13-17; 2. Tim 1,9.

20 S. zur Gewissheit des Heils Röm 3,2f.; 5,1; 6,22f.; 8,1.16f.28-39; 10,9-13; 11,29; 14,4; 1. Kor 1,8f.; 10,13; 2. Kor 1,21f.; 5,5-8; Phil 1,6.

21 Gegenüber denen, die sich in der Gemeinde in Philippi selbst schon für »vollkommen« hielten, betont Paulus, dass er das himmlische Ziel und Christus selbst noch nicht ergriffen *habe*, aber eben von ihm bereits ergriffen *sei* (Phil 3,12).

22 Vgl. nur Röm 8,1-14; 1. Kor 13; Gal 5,22.

23 S. Röm 5,12 ff.; 6,1 ff.; 7,7 ff.; 8,1 ff.

24 S. Röm 8,14-17.21.23; Gal 3,26; 4,5-7.

25 Zu Gott als »Vater« s. wiederum Röm 8,14 ff.; Gal 3,26; 4,5-7.

26 S. zu Christus als Bräutigam und der Gemeinde als Braut 2. Kor 11,2; vgl. Eph 5,25 f.

27 Wenn man es mit philosophischen Begriffen sagen will: Gott als Schöpfer ist nicht nur als *ein* »Seiender« unter anderen vorzustellen, sondern als das »Sein« selbst.

28 S. dazu auch Joh 20,29; Röm 4,18-21; 8,24; 2. Kor 5,6 f.; 1. Petr 1,8; Hebr 11,1.8 ff.27.

29 Vgl. Mt 17,20; Lk 17,5 f.

30 Vgl. 2. Kor 1,3 f.: »Gelobt sei Gott, der Vater unseres Herrn Jesus Christus, der Vater der Barmherzigkeit und Gott allen Trostes, der uns tröstet in aller unserer Trübsal, damit wir auch trösten können, die in allerlei Trübsal sind, mit dem Trost, mit dem wir selber getröstet werden von Gott.«

31 Nach einem Vortrag auf der Theologischen Woche in Dietzhölztal-Ewersbach, April 2006 (Theologische Impulse 13, 2006, 45–68); als Literatur zum Thema s. vor allem O. Hofius, Art. ἀββά/Vater, TBLNT, NB, Wuppertal/Neukirchen 1997, 1721 f.; ders., Art. πατήρ/ Vater, a.a.O., 1723–1728. 1730; J. Jeremias; Abba, in: ders., Abba. Studien zur neutestamentlichen Theologie und Zeitgeschichte, Göttingen 1966, 15–67; O. Michel, Art. πατήρ/Vater, EWNT III, Stuttgart 1983, 125–135; G. Schrenk/G. Quell, Art. πατήρ κτλ, ThWNT V, Stuttgart 1954, 946–1024 (vgl. ThWNT X, Stuttgart 1979, 1225). – Zur Vertiefung der Ausführungen s. H.-J. Eckstein, Glaube, der erwachsen wird, 7. Aufl., Holzgerlingen 2008, 19 ff. (Sachbuch); ders., Du liebst mich, also bin ich. Gedanken, Gebete, Meditationen, 15. Aufl., Holz-

gerlingen 2009 (allgemeinverständlich); ders., Der aus Glauben Gerechte wird leben. Beiträge zur Theologie des Neuen Testaments, BVB 5, 2. Aufl., Münster 2007, 3 ff. (fachwissenschaftlich).

32 Auf das *Volk Israel* bezogen: 5. Mose 32,6; Jes 63,16 [2-mal]; 64,7; Jer 31,9; Mal 1,6; 2,10; auf den *König Israels* bezogen: 2. Sam 7,14 par.; 1. Chr 17,13; 22,10; 28,6; Ps 89,27; vgl. Ps 2,7.

33 Jes 25,6-8; Offb 7,17; 21,3-5; vgl. Ps 126,5 f.; 56,9.

34 S. im Alten Testament vor allem Jes 62,4 f.; Hes 16,4-8; Hos 2,18.21 f.; vgl. auch Jes 54,5-10; Jer 2,2 f.; Hes 16,1-63.

35 S. im Neuen Testament Mk 2,18-20 par.; Mt 22,2; 25,1-13; Joh 2,1-12; 3,29; 1. Kor 6,12 ff.; 2. Kor 11,2; Eph 5,23-27; Offb 19,7-9; 21,9.

36 Wie wir oben sahen, finden sich 13 von 1180 Belegen für den Begriff »Vater«.

37 Vgl. dazu die erhellenden und unüberholten Darstellungen bei O. Hofius, Art. ἀββά/Vater, TBLNT, 1721 f.; ders., Art. πατήρ/Vater, a.a.O., 1723–1728.1730; J. Jeremias; Abba, in: ders., Abba. Studien zur neutestamentlichen Theologie und Zeitgeschichte, 15-67.

38 S. Mk 14,36 par. Mt 26,39.42 und Lk 22,42; Mt 11,25 f. par. Lk 10,21; Lk 23,34.46; Joh 11,41; 12,27 f.; 17,1.5.11.24 f.

39 S. Joh 1,1-3; 8,58; 16,28; 17,5.24; 1. Kor 8,6; 2. Kor 8,9; Phil 2,6 f.; Kol 1,15-17; Eph 1,3-14; Hebr 1,2 f.; Offb 3,14 – wohl auch: Röm 8,3; Gal 4,4; 1. Kor 10,3 f. Vgl. zum Ganzen H.-J. Eckstein, Die Anfänge trinitarischer Rede von Gott im Neuen Testament, in: M. Welker/M. Volf, Der lebendige Gott als Trinität. J. Moltmann zum 80. Geburtstag, Gütersloh 2006, 85–113 (fachwissenschaftlich).

40   Nach einem theologischen Essay in: Evangelische Sammlung in Württemberg, März 2009, 5–12.

41   Zur Auferstehung Jesu s. H.-J. Eckstein, Zur Wiederentdeckung der Hoffnung. Grundlagen des Glaubens, 2. Aufl., Holzgerlingen 2008, 87–122; 123–131 (allgemeinverständlich); ders., Die Wirklichkeit der Auferstehung Jesu. Lukas 24,34 als Beispiel formelhafter Zeugnisse, in: ders., Der aus Glauben Gerechte wird leben. Beiträge zur Theologie des Neuen Testaments, BVB 5, 2. Aufl., Münster u. a. 2007, 152–176 (fachwissenschaftlich); ders., Leben nach Geist und Leib. Christologische und anthropologische Aspekte der Auferstehung nach Lukas, in: ders., Der aus Glauben Gerechte wird leben, 177–186 (fachwissenschaftlich).

42   Zur Einsetzung in das »Amt« des Gottessohns und Herrn s. Röm 1,3 f.; Phil 2,9 ff.; vgl. Apg 2,36; 13,32 f.

43   S. Mk 1,11 3,11; 5,7; 9,7; 14,61 f.; 15,39; Mk 12,6; 12,35 ff. (Ps 110,1).

44   Zur »Schöpfungsmittlerschaft« Jesu Christi s. Joh 1,3.10; 1. Kor 8,6; Kol 1,15-17; Hebr 1,2 f.

45   S. zum »Jüngerunverständnis« vor Ostern Mk 6,52; 7,18; 8,17.18 (vgl. Jer 5,21).21; 8,32 f.; 9,6.19.32 (vgl. 14,18 – 16,8).

46   S. zur »Präexistenz« – d. h. dem »Vorher-Dasein« – Jesu Christi bei Gott vor seiner Menschwerdung Joh 1,1-3; 8,58; 16,28; 17,5.24; 1. Kor 8,6; 2. Kor 8,9; Phil 2,6 f.; Kol 1,15-17; Eph 1,3-14; Hebr 1,2 f. (vgl. Röm 8,3; Gal 4,4; 1. Kor 10,3 f.).

47   S. Joh 1,9-11.14.

48   Dabei gilt es zu beachten, dass bis auf Lukas wohl sämtliche Verfasser neutestamentlicher Schriften selbst geborene *Juden* sind – und somit ganz unmittelbar in der *alttestamentlich-jüdischen* Tradition stehen.

49 S. zum Ganzen H.-J. Eckstein, Die Anfänge trinita-
    rischer Rede von Gott im Neuen Testament, in: M.
    Welker/M. Volf (Hg.), Der lebendige Gott als Trini-
    tät. J. Moltmann zum 80. Geburtstag, Gütersloh 2006,
    85–113 (fachwissenschaftlich).
50 Auf seine jüdische und speziell pharisäische Herkunft
    legt Paulus als Apostel für die Heiden großen Wert (Röm
    11,1; 2. Kor 11,22; Phil 3,5; vgl. Gal 1,14; Phil 3,5 f.).
51 Vgl. 1. Kor 6,11; 2. Kor 4,6; 5,17.
52 Auch in 2. Kor 8,9 und in Phil 2,6 ff. werden die Prä-
    existenz und die Menschwerdung dessen vorausge-
    setzt, der zuvor »reich war«, der »in göttlicher Gestalt
    war«; vgl. Kol 1,15-17; Eph 1,3-14; Hebr 1,2 f.
53 Der »Herr«, den Paulus in 2. Kor 12,8 dreimal anruft, ist –
    wie die Antwort in V. 9.10 erweist – Christus! Von »un-
    serem Herrn Jesus« erwartet er wie von »Gott, unserem
    Vater«, die Erhörung seiner Gebete (1. Thess 3,10 f.).
54 Dabei enthielt die griechische Bibel, die die Verfasser
    des Neuen Testaments und ihre Gemeinden voraus-
    setzten, auch die Schriften, die wir in der evangelischen
    Tradition als »Apokryphen« bezeichnen – also z. B.
    Jesus Sirach und Weisheit Salomos.
55 S. Spr 8,22-31; Sir 24,3-10; Weish 7,22-30; vgl. 1.
    Mose 1,3; Ps 33,6.9; 104,24; Spr 3,19 f.
56 Joh 13,1; 15,12 f.; 1. Joh 3,16; vgl. Gal 2,20; Eph
    5,2.25b; Offb 1,5b.
57 S. Joh 3,16; 1. Joh 4,9 f.; Röm 5,8; 8,31 f.; Eph 2,4 ff.
58 Erweiterte Fassung des Artikels »Liebe«, in: B. Hü-
    bener/G. Orth (Hg.), Wörter des Lebens. Das Abc evan-
    gelischen Denkens, Stuttgart 2007, 151–155; vgl. H.-J.
    Eckstein, Glaube, der erwachsen wird, 7. Aufl., Holz-
    gerlingen 2008, 19–90; ders., Du liebst mich, also bin
    ich, 15. Aufl., Holzgerlingen 2009; H. Kuhn/A. Schöpf,
    Art. Liebe, HWP 5, Darmstadt 1980, 290–327; G.

Schneider, Art. ἀγάπη/Liebe, EWNT I, Stuttgart u.a. 1980, 19–29.

[59] Vgl. Lk 23,34; Röm 12,14; 1. Kor 4,12 f.; 1. Petr 3,9.

[60] Was der vielseitigen Bedeutung des Begriffs »Liebe« in der deutschen Sprache vergleichbar ist. In der Hebräischen Bibel entspricht dem schon zuvor die Bevorzugung der Begriffe *'ahᵃbā* für »Liebe« und *'āhēb* für »lieben«.

[61] Die Wortgruppe *Agape* kommt in den verschiedenen Formen (als Substantiv, Verb und Adjektiv) insgesamt 320-mal im Neuen Testament vor, allein 52-mal im 1. Johannesbrief, 44-mal im Johannesevangelium, 24-mal im Römerbrief, 22-mal im Epheserbrief und 20-mal im 1. Korintherbrief.

[62] Für die Liebe Gottes zu seinem Sohn (Joh 5,20) und zu den Jüngern (Joh 16,27), für die Liebe Jesu zum »Lieblingsjünger« (Joh 20,2); für die Liebe der Gemeinde zu ihrem auferstandenen Herrn (1. Kor 16,22), für die Liebe des Petrus zu Jesus (Joh 21,15-17); für die Liebe Gottes zu den Menschen, die er erzieht (Offb 3,19 nach Spr 3,12).

[63] So kommt das Verb *philẹō*/»lieben« im Neuen Testament immerhin 25-mal (gegenüber 143-mal *agapạō*) vor und im Griechischen Alten Testament (der Septuaginta, LXX) 27-mal (gegenüber 216-mal *agapạō*).

[64] S. Joh 3,16; 1. Joh 4,9 f.; Röm 5,8; 8,31 f.; Eph 2,4 ff.

[65] S. Joh 13,1; 15,12 f.; 1. Joh 3,16; Gal 2,20; Eph 5,2.25b; Offb 1,5b.

[66] Von der Liebe Gottes zu seinem Sohn z.B. Joh 3,35; 5,20; 10,17; 15,9; 17,23 f.26, von der Liebe des Sohnes Gottes zu seinem Vater Joh 14,31.

[67] Vgl. zum Ganzen H.-J. Eckstein, Gott wird Mensch. Vom menschlichen Gottesbild zum christlichen Menschenbild, in: ders., Glaube als Beziehung, 2. Aufl.,

Holzgerlingen 2006, 9–32; ders., Glaube, der erwachsen wird, 7. Aufl., Holzgerlingen 2008, 19–90.

68 Nach einem Vortrag auf der Fachkonferenz: »Gerechtigkeit erhöht ein Volk«. Forum Christ und Politik, 10./11. März 2008, Akademie der Konrad-Adenauer-Stiftung, Berlin.

69 S. allgemeinverständlich: H.-J. Eckstein, Das Evangelium – eine Kraft Gottes. Zur Wiederentdeckung der Hoffnung. Grundlagen des Glaubens, 2. Aufl., Holzgerlingen 2008, 45–76; fachwissenschaftlich: K. Koch, Art. *sdq*, THAT II, München 1976, 507–530, hier 527; F. V. Reiterer, Gerechtigkeit als Heil. *sdq* bei Deuterojesaja, Graz 1976, 24-116. 208-216; H.-J. Eckstein, Gott ist es, der rechtfertigt. Rechtfertigungslehre als Zentrum paulinischer Theologie?, ZNT 14 (7. Jg. 2004), 41–48; ders., Verheißung und Gesetz. Eine exegetische Untersuchung zu Gal 2,15 – 4,7, WUNT 86, Tübingen 1996, 15 ff. 50 ff. 95 ff. 142 ff. u. ö.

70 S. Röm 1,17; 3,5.21 f.25 f.; 10,3; 2. Kor 5,21.

71 S. Röm 8,38 f.; 11,29; 14,4; 1. Kor 1,8 f.; 10,13; Phil 1,6; 1. Thess 5,24.

72 S. Röm 5,5-8; 8,35-39.

73 S. allgemeinverständlich: H.-J. Eckstein, Glaube, der erwachsen wird, 7. Aufl., Holzgerlingen 2008, 31 ff.; ders., Du liebst mich, also bin ich. Gedanken, Gebete und Meditationen, 15. Aufl., Holzgerlingen 2009; fachwissenschaftlich: H.-J. Iwand, Rechtfertigungslehre und Christusglaube. Eine Untersuchung zur Systematik der Rechtfertigungslehre Luthers in ihren Anfängen, TB 14, 3. Aufl., München 1966; O. Weber, Grundlagen der Dogmatik, Bd. II, 2. Aufl., Berlin 1969, 292 ff.

74 S. zum Ganzen H.-J. Eckstein, Die ›bessere Gerechtigkeit‹ nach dem Matthäusevangelium, in: ders., Der aus Glauben Gerechte wird leben. Beiträge zur Theologie

des Neuen Testaments, BVB 5, 2. Aufl., Münster u. a. 2007, 122–142; ders., Die Weisung Jesu Christi und die Tora des Mose nach dem Matthäusevangelium, in: Der aus Glauben Gerechte wird leben, 101–121.

75 S. die Wendung »*tun, ausüben, praktizieren* der Gerechtigkeit« in 6,1 und die folgende Entfaltung in 6,2 ff.

76 Bei der Schuldsumme handelt es sich um die Kombination des höchsten Zahlenwertes mit der größten Geldeinheit der damaligen Zeit.

77 Der Aspekt der *Barmherzigkeit* und *Fürsorglichkeit* kommt bei Matthäus vor allem in der häufigen Bezeichnung Gottes als des »himmlischen *Vaters*« zur Geltung, den – neben Jesus selbst – nun auch die Jünger Jesu als »ihren Vater« anrufen dürfen (Mt 5,16.45.48; 6,1.4.6.8 f.14 f.18.26.32; 10,20.29; 13,43; 23,9). Er lässt seine Sonne aufgehen über Böse und Gute und lässt regnen über Gerechte und Ungerechte (5,45). Er weiß um die Bedürfnisse derer, die zu ihm beten, bevor sie ihn bitten (6,8), weil er auch in das Verborgene sieht (6,4.6.18). Die Jünger brauchen sich nicht an die Sorge um Nahrung und Kleidung zu verlieren, weil ihr himmlischer Vater, der die Vögel nährt und die Lilien des Feldes kleidet, um ihre Bedürfnisse weiß und für sie sorgen wird (6,25-34). Selbst in der Verfolgungssituation dürfen die Jünger darauf vertrauen, dass ihnen ihr Vater durch seinen Geist eingeben wird, wie oder was sie in der Situation des Prozesses reden sollen (10,19 f.). So können die Jünger ohne Furcht am Bekenntnis zu Christus vor den Menschen festhalten (10,32 f.), weil sie darauf vertrauen dürfen, dass sie für ihren Vater – der sich sogar noch um Sperlinge kümmert – äußerst wertvoll sind (10,28-31): »Bei euch aber sind sogar alle Haare eures Hauptes gezählt« (10,30). – Die ausführliche Form der Anrede Gottes im Herrengebet: »Unser

Vater im Himmel!« (Mt 6,9 diff. Lk 11,2), vergegenwärtigt der matthäischen Gemeinde bei ihrem Gebet jeweils die Besonderheit ihrer Gottesbeziehung.

[78] S.H.-J. Eckstein, Siebenundsiebzigmal Unrecht oder Liebe, in: ders., Erfreuliche Nachricht – traurige Hörer? Gedanken zu einem ganzheitlichen Glauben, 7. Aufl., Holzgerlingen 2008, 113–115.

[79] Nach einer Bibelarbeit auf der 4. Tagung der 10. Synode der Evangelischen Kirche in Deutschland am 7. November 2005 in Berlin.

[80] Vgl. Röm 1,17; 3,26.30; 5,1; 9,30; 10,6; Gal 2,16; 3,8.11.24; 5,5.

[81] »Gerechte« nach dem Lukasevangelium: (a) im *positiven* Sinne: Lk 1,6.17; 2,25; 14,14; 23,50; Apg 10,22; (b) im Sinne von *vermeintlich* »gerecht«: Lk 16,15; 18,9; 20,20; (c) in der Akzentuierung *umstritten*: Lk 5,32; 15,7 (im Sinne von Variante [a] oder [b]? Selbstbezeichnung der Gegner? Ironischer Gebrauch?).

[82] Lk 5,27-32; 7,34; 15,1 ff.; 18,9-14; 19,1-10.

[83] Lk 9,51-56; 10,29-37; 17,11-19 – jeweils »Sondergut«, d.h. nur im Lukasevangelium überliefert.

[84] Lk 2,36-38; 7,11-17.36-50; 8,1-3; 10,38-42; 13,10-17; 23,26-31; 23,55 – 24,11 (vgl. 1,26-38; 1,39-56).

[85] S. zum Lukasevangelium H.-J. Eckstein, Aspekte einer lukanischen Anthropologie am Beispiel von Lukas 7,36-50, in: M. Bauks/K. Liess/P. Riede (Hg.), Was ist der Mensch, dass du seiner gedenkst? (Psalm 8,5). Aspekte einer theologischen Anthropologie, FS für Bernd Janowski zum 65. Geburtstag, Neukirchen-Vluyn 2008, 63–75; ders., Pharisäer und Zöllner. Jesu Zuwendung zu den Sündern nach Lukas 18,9-14, in: ders., Der aus Glauben Gerechte wird leben. Beiträge zur Theologie des Neuen Testaments, BVB 5, 2. Aufl., Münster u.a. 2007, 143–151.

VERZEICHNIS DER
FACH- UND FREMDWÖRTER

Abba – (aramäisch) »Abba, lieber Vater!« ist die kindlich vertrauensvolle Anredeform im Gebet der frühen Christen (Röm 8,15 f.; Gal 4,6 f.), wie sie von Jesus selbst als Anrede für Gott, seinen himmlischen Vater, gebraucht wurde (Mk 14,36; vgl. Mt 6,9; Lk 11,2)

Adoption – Annahme als Kind, – an Sohnes statt, wird in Gal 4,6; Röm 8,15 von den Menschen gesagt, die in ihrem Glauben an Christus als den Sohn Gottes selbst zu Gottes erbberechtigten Gottessöhnen werden. Eine »adoptianische Christologie« geht davon aus, Jesus sei ein gewöhnlicher Mensch gewesen, den Gott in der Taufe adoptierte (s. aber Präexistenz, Schöpfungsmittlerschaft)

Agape – der zentrale griechische Begriff für Liebe im Neuen Testament; als von Gott ausgehende Liebe ist die Agape nicht durch den Wert oder die Liebenswürdigkeit des zu Liebenden motiviert, sondern in der Zuwendung des liebenden Gottes selbst begründet

Aktionismus – übertriebener Tätigkeitsdrang bzw. Aktivismus

Aktivismus – aktives Vorgehen, Tätigkeitsdrang

Akzeptanz – die Bereitschaft, etwas oder jemanden anzunehmen, zu akzeptieren. Im Vergleich zur Toleranz im eingeschränkten Sinne als »Duldung« kann die Akzeptanz als weitergehende »Anerkennung« und »Annahme« des anderen verstanden werden

analytisches Urteil – Urteil, das aus der Analyse/der Zergliederung eines Begriffs gewonnen wird und nur so viel Erkenntnis vermittelt, wie in diesem enthalten ist

(z. B. »die Kugel ist rund«, »der unschuldig Angeklagte ist gerecht«)

Apokryphen – wörtlich »Verborgene« (griechisch); in der alten Kirche: nicht öffentlich benutzte Schriften, später: den biblischen Büchern nahestehende Schriften, die keinen Eingang in den biblischen Kanon gefunden haben. Bücher wie Jesus Sirach und Weisheit Salomos wurden nicht in den Kanon der Hebräischen Bibel aufgenommen (Ende des 1. Jh. n. Chr.), waren aber von den ersten Christen und Verfassern des Neuen Testaments in ihrer Griechischen Bibel noch als Heilige Schrift anerkannt (s. auch Septuaginta [LXX])

Apostel – »Abgesandter«, »Bote«; Bezeichnung für die vom auferstandenen Christus berufenen und ausgesandten Zeugen des Evangeliums – wie Paulus (Röm 1,1.5; 1. Kor 9,1; 15,8-10; Gal 1,1.11 f.15 f.), der Herrenbruder Jakobus (Gal 1,19) und die zwölf Jünger (Mt 10,1-4; Lk 6,13-16, Apg 1,2-8.21-26)

Aramäisch – Semitische Sprache, die zur Zeit Jesu und der Urgemeinde gesprochen wurde (die Schriftsprache des Alten Testaments ist das Hebräische, die des Neuen Testaments das Griechische)

Baal – »Herr«, »Eigentümer«; Bezeichnung einer kanaanäischen Fruchtbarkeits- und Naturgottheit

binitarisch – »zweifaltig«; Bekenntnisse und Aussagen über das Wesen und Verhältnis von Gott, dem Vater und dem Sohn (s. auch Trinität, trinitarisch)

changieren – farbig schillern, wechseln, verändern

Christologie – die Lehre von Jesus Christus; »**hohe Christologie**« – eine Lehre von Christus, die bei seiner Hoheit als Präexistenter bzw. durch seine Auferstehung Erhöhter einsetzt (vgl. Joh 1,1-18; Phil 2,6-11; Kol 1,15-20; Hebr 1,2 f.)

christozentrisch – auf Christus als Mittelpunkt bezogen

Davidide – Nachfolger Davids, der König von Israel-Juda (etwa 1010–970) und Gründer der judäischen Dynastie war; die Bezeichnung Jesu, des »Sohnes Gottes«, als »Sohn Davids« (Mt 1,1; 21,9; Mk 10,47 f. par.; Mk 12,35-37 par.) oder »Same Davids« (Röm 1,3; 2. Tim 2,8) bezieht sich auf alttestamentliche Zeugnisse wie 2. Sam 7,12-16; Ps 2,7; 89,27 ff.; 110,1

dezidiert – entschieden, bestimmt, energisch

dialektisch – in Gegensätzen denkend und darstellend; **Dialektik** – philosophische Arbeitsmethode, die ihre Ausgangsposition durch gegensätzliche Behauptungen (These und Antithese) infrage stellt und in der Synthese beider Positionen nach einer Erkenntnis höherer Art strebt

Diaspora – »Zerstreuung« (griechisch); außerhalb des »verheißenen Landes«, d.h. in der Zerstreuung, lebende Juden; unter vorwiegend Andersgläubigen lebende Mitglieder einer Konfession

emotional – gefühlsmäßig; aus einer Emotion, einer inneren Erregung erfolgend

Eros – einer der griechischen Begriffe für Liebe (neben Philia und Agape), der im Neuen Testament nicht vorkommt. Er kann einerseits die »sinnliche Liebe«, das »Verlangen«, die »Begierde« bezeichnen, andererseits als »himmlischer Eros« die Aufgabe des Menschen, die Seele in die himmlische, übersinnliche Welt durch Befreiung von den Fesseln der Sinnlichkeit hinaufzuheben

Eschatologie – »Lehre von den letzten Dingen«, von der Endzeit; **eschatologisch** – endzeitlich, von der Endzeit her zu verstehen, auf sie bezogen

Evangelium – die »gute Nachricht«, die »Freuden-«, »Heilsbotschaft«; das Evangelium *Gottes* (das von Gott ausgeht, subjektiver Genitiv), das Evangelium

Jesu Christi (das Christus zum Inhalt hat, objektiver Genitiv); vgl. Mk 1,1.15; Lk 4,18; Röm 1,1.9.16 f.; Gal 1,6-12

Existenz – Dasein, Leben, Vorhandensein, Wirklichkeit; **existenziell** – auf das unmittelbare und wesenhafte Dasein bezogen, die eigene Person betreffend, lebenswichtig

Feministische Theologie – eine emanzipatorische Konzeption von Theologie von Frauen für Frauen, die eine männlich-patriarchalisch bestimmte Theologie ergänzen, korrigieren oder ablösen will

forensisch – die Gerichtsverhandlung betreffend, richterlich, gerichtlich

Genitiv – der die Herkunft bzw. Zugehörigkeit bezeichnende Fall, der Genitiv/der »Wesfall«; – *Genitivus subiectivus:* Genitiv des logischen Subjekts (z.B. »Gerechtigkeit Gottes« als Gerechtigkeit, die Gott selbst hat: Gott ist gerecht); – *Gen. auctoris:* Gen. des »Urhebers« (z.B. »Gerechtigkeit Gottes« als die Gerechtigkeit, die Gott *wirkt* und *schafft*); – *Gen. obiectivus:* Genitiv des logischen Objekts (z.B. »Gerechtigkeit Gottes« als die Gerechtigkeit, die vor Gott gilt, vor ihm Bestand hat [so M. Luther zu Röm 1,17 u.ö.]

Hellenismus – Griechentum; die Kulturepoche von Alexander d. Gr. († 323 v.Chr.) bis Augustus (d.h. in die neutestamentliche Zeit) und die griechische nachklassische Sprache dieser Epoche; **hellenistisch** – die griechische Sprache und Kultur dieser Epoche betreffend

historisch – »geschichtlich«; hier: entweder im Sinne von »in der Vergangenheit wirklich geschehen« oder in der speziellen Bedeutung von »nach den Maßstäben der Geschichtswissenschaft als historisch wahrscheinlich zu erweisen«

Humanität – »Menschlichkeit« (von lat. *humanitas*) als Prinzip des Handelns und als Ziel von Erziehung und Bildung

Ideal – Inbegriff der Vollkommenheit; das als eine Art höchster Wert erkannte Ziel; Idee, nach deren Verwirklichung man strebt

Identität – allgemein: die vollkommene Gleichheit, Übereinstimmung; psychologisch: die als »Selbst« erlebte innere Einheit der Person

illoyal – treulos, die Interessen der anderen Seite nicht respektierend, vertragsbrüchig

Illusion – unwirkliche Vorstellung, einem Wunschbild entsprechende Selbsttäuschung

illusorisch – nur in der Illusion bestehend, trügerisch, vergeblich

Individualismus – Betrachtungsweise, die das Individuum zum Ausgangspunkt des Denkens und Handelns, der Werte und Normen macht; Gegensatz: Kollektivismus

individualistisch – nur das Individuum, den Einzelnen berücksichtigend; Gegensatz: kollektivistisch

Individuation – Prozess der Selbstwerdung des Menschen, bei dem sich das Bewusstsein der eigenen Individualität bzw. der Unterschiedenheit von anderen zunehmend herausbildet (vgl. Sozialisation)

Inkarnation – die »Fleischwerdung« des Logos/des göttlichen Wortes, die Menschwerdung Jesu Christi (Joh 1,14; vgl. 2. Kor 8,9; Gal 4,4 f.; Phil 2,6 f.; 1. Joh 4,2, 2. Joh 7)

Inkulturation – hier: Berücksichtigung der jeweiligen Eigenart einer Kultur, in die das Christentum missionarisch und theologisch vermittelt wird; allgemein auch: das Eindringen einer Kultur in eine andere

Inthronisation – Thronerhebung eines königlichen Herrschers; feierliche Einsetzung in ein hohes Amt

ius talionis – »Recht der Vergeltung« (lateinisch), nach dem zwischen dem Schaden, der einem Opfer zugefügt wurde, und dem Schaden, der dem Täter zugefügt werden soll, ein Gleichgewicht angestrebt wird; s. 2. Mose 21,23 ff.; Mt 5,38: »Auge um Auge, Zahn um Zahn«

iustificatio effectiva – wirksame Gerechtmachung, nach der sich der Gerechtfertigte dann auch an sich und infolge seines gelebten Lebens als gerecht erweisen würde

iustificatio impii propter Christum sola gratia per fidem – (lateinisch) »die Rechtfertigung des Gottlosen um Christi willen allein aus Gnaden durch den Glauben«

iustitia aliena – die »fremde Gerechtigkeit« (nämlich die dem Menschen von Gott zugesprochene Gerechtigkeit *Christi*; vgl. **iustitia imputativa**)

iustitia Dei passiva – die vom Menschen im Glauben voraussetzungslos, d. h. geschenkweise, »empfangene Gerechtigkeit Gottes«

iustitia Dei salutifera – die »heilbringende«, d. h. freisprechende und begnadigende, Gerechtigkeit Gottes

iustitia distributiva – die nach dem Rechtsgrundsatz »jedem das Seine« *(suum cuique)* verfahrende Gerechtigkeit des Richters, der den Gerechten freispricht und den Schuldigen verklagt

iustitia imputativa – die dem Menschen aus Gnaden »zugeeignete, zugesprochene Gerechtigkeit« Christi

Jahwe – Der Eigenname des Gottes Israels, der gemäß 2. Mose 3,14 (»Ich bin, der ich bin«/»Ich werde [da] sein«) als »er ist«/»er ist da«/»er erweist sich als wirksam« gedeutet werden darf; vgl. 2. Mose 6,2.3; Hes 6,14; 7,27; 37,13 u. ö.

Judenchristen – alle Christen, die von Geburt jüdischer Abstammung sind und die – wie z. B. Paulus, Petrus und Barnabas (Gal 2,15 f.) – als Juden zum Glauben an Christus kamen.

juristisch – die Rechtsprechung betreffend

Justitia – Personifizierung, Sinnbild der »Gerechtigkeit«; römische Göttin der Gerechtigkeit und der Rechtsprechung, die als Jungfrau mit verbundenen Augen dargestellt wird, die in einer Hand eine Waage, in der anderen das Richtschwert hält

kompensieren – ausgleichen; Psychologie: Minderwertigkeitsgefühle durch Vorstellungen oder Handlungen ausgleichen, die das Bewusstsein der Vollwertigkeit erzeugen

Konditionierung – das Binden an Konditionen, das Verknüpfen mit Bedingungen; **konditioniert** – »an Bedingungen geknüpft«; eine konditionierte Zuwendung ist an bestimmte Voraussetzungen und Bedingungen geknüpft, während eine nicht konditionierte – d.h. »unbedingte«, »bedingungslose« – Zuwendung der Person selbst gilt und nicht nur ihrem Wohlverhalten bzw. ihrer Liebenswürdigkeit

konstituieren – gründen, begründen, sich bilden und Bestand gewinnen; **konstitutiv** – das Wesen einer Sache, die Gesamterscheinung bestimmend

kosmologisch – die Kosmologie, die Lehre von der Entstehung und Entwicklung des »Weltalls«, betreffend

Kyrios – (griechisch) »Herr«, »Herrscher«, als Bezeichnung und Anrede Gottes und Jesu Christi (s. Röm 10,9; 14,7-9; 1. Kor 8,6; 12,3; Phil 2,9-11); wie der aramäische Gebetsruf »Maranatha« – »unser Herr, komm!« (1. Kor 16,22; vgl. Offb 22,20) – zeigt, wurde der Auferstandene bereits in der Jerusalemer Urgemeinde als Kyrios/»Herr« angerufen

Logos – (griechisch) »Wort«, »Gedanke«, »Vernunft(grund)«; in Joh 1,1-18: Jesus Christus als Mensch gewordenes (Schöpfungs-)Wort Gottes (vgl. 1. Mose 1,3 ff.; Psalm 33,6.9; 1. Joh 1,1 f.; Offb 19,13)

loyal – die Interessen der anderen Seite achtend, (vertrags- bzw. bündnis)treu, das Verhältnis respektierend

Maranatha – urchristlicher Gebetsruf in aramäischer Sprache: »Unser Herr, komm!« (1. Kor 16,22; vgl. Offb 22,20)

mythisch – den Mythen als Erzählungen von Gestalten und Geschehnisse aus vorgeschichtlicher Zeit angehörig

par. – Abkürzung zur Kennzeichnung von Parallelüberlieferungen; »Mk 2,18-20 par.« besagt z.B., dass die »Fastenfrage« nach Mk 2,18-20 in Mt 9,14 f. und Lk 5,33-35 parallel überliefert ist

Passivität – in der Regel als »Untätigkeit«, »Teilnahmslosigkeit«, »Inaktivität« verstanden; grundsätzlich kann der Begriff aber auch das »Erleiden«, »Empfangen«, »Annehmen« hervorheben

Patriarchat – Gesellschaftsform, in der der Mann eine bevorzugte Stellung in Staat und Familie innehat; **patriarchalisch** – das Patriarchat betreffend, vaterrechtlich

performativ – die in einer Aussage beschriebene Handlung mit dem Aussprechen selbst vollziehend (z.B. »Ich gratuliere dir!« »Ich begnadige dich!«)

Philia – einer der griechischen Begriffe für Liebe (neben Eros und Agape), der ursprünglich die »Zuneigung«, das »Wohlwollen«, die »Freundschaft« bezeichnet und im Neuen Testament neben Agape als Bezeichnung für die menschliche wie für die göttliche Liebe verwendet werden kann

Plädoyer – zusammenfassende Schlussrede des Staatsanwalts oder Rechtsanwalts vor Gericht; Rede, mit der jemand entschieden für oder gegen etwas oder jemanden eintritt

plausibilisieren – etwas als wahrscheinlich erweisen, etwas begreiflich machen; **plausibel** – einleuchtend, begreiflich, nachvollziehbar

Präexistenz – das Dasein, Existieren Christi vor seiner Menschwerdung bei seinem himmlischen Vater (vgl. Joh 1,1-3; 1. Kor 8,6; Phil 2,6 f.; Kol 1,15-17; Hebr 1,2 f.)

ratio cognoscendi – »Erkenntnisgrund«

ratio essendi – »Seinsgrund«

realistisch – wirklichkeitsnah, lebensecht; ohne Illusion

Realität – Wirklichkeit, tatsächliche Gegebenheit; falls theologisch bzw. philosophisch zwischen Realität und Wirklichkeit unterschieden wird, dann so, dass die geglaubte, in der Offenbarung erschlossene »Realität« Gottes (bzw. die Realität des Seins, der Ideen) der sichtbaren und unmittelbar erfahrenen »Wirklichkeit« der Welt, des Menschen entgegengesetzt wird

Reduktion – Zurückführung, Verringerung; Zurückführung des Komplizierten auf etwas Einfaches

Reformatoren – Die Urheber der Reformation im 16. Jh. n. Chr. wie Martin Luther, Philipp Melanchthon, Ulrich Zwingli, Martin Bucer und Johannes Calvin; wörtlich: »Umgestalter«, »Erneuerer«

reformatorisch – »umgestaltend«, »erneuernd«; die Reformation betreffend, im Sinne der Reformation

Relation – Verhältnis, Beziehung

Relationsbegriff – ein »Beziehungsbegriff« (z. B. »Liebe«, »Vertrauen«, in der biblischen Tradition auch »Gerechtigkeit«, »Friede«)

relativieren – mit etwas anderem in Beziehung bringen und damit in seiner Gültigkeit einschränken

religiös – die Religion betreffend, gottesfürchtig, fromm

Schalom – alttestamentlicher, d. h. hebräischer, Begriff für »Wohlbefinden«, »Heil«, »Frieden«, israelische Begrüßungskurzformel

Sch^ema Jisrael – (hebräisch) »Höre Israel!«, Jüdisches Bekenntnisgebet in Aufnahme von 5. Mose 6,4 ff.

sedaka (*sedākā*) – alttestamentlicher, d. h. hebräischer, Begriff für »Gerechtigkeit«

Septuaginta (LXX) – lateinisch »siebzig«; Bibelübersetzung des Alten Testaments ins Griechische (seit 3. Jh. v. Chr.); als Schriftensammlung enthält sie im Gegensatz zum hebräischen Kanon (1. Jh. n. Chr.) zusätzlich die sogenannten »apokryphen« Schriften wie Jesus Sirach und Weisheit Salomos

Sophia – griechischer Begriff für »Weisheit«

Soteriologie – die Lehre vom Heil, vom Erlösungswerk Christi; **soteriologisch** – die Lehre vom Heil betreffend

Sozialethik – Lehre von den Pflichten des Menschen gegenüber der Gesellschaft, dem Gemeinschaftsleben; in der Tradition der evangelischen Soziallehre kann jede Ethik grundsätzlich als Sozialethik verstanden werden, da ethische Probleme erst im Zusammenleben der Menschen entstehen; **sozialethisch** – die Sozialethik betreffend, ihr entsprechend

Sozialisation – die Entwicklung, durch die der Mensch zur gesellschaftlich handlungsfähigen Persönlichkeit wird (vgl. Individuation)

Sozialpsychologie – Gebiet der Psychologie, das sich mit Einflüssen des sozialen Kontextes auf das Verhalten, Erleben und Bewusstsein von Menschen befasst

Substantiv – Hauptwort, z. B. »der Glaube«

suum cuique – »jedem das Seine«, lateinischer Rechtsgrundsatz, jedem sein Recht zukommen zu lassen

synthetisches Urteil – weiterführendes Urteil, das sich (anders als das *analytische* Urteil) nicht auf die Erkenntnis beschränkt, die im Begriff selbst schon enthalten ist (z. B. als analytisches Urteil: Die Kugel ist rund, als synthetisches Urteil: Die Kugel ist rot). Die Aussage: »Du bist gerecht!«, stellt als *analytisches* Urteil fest, dass jemand von sich aus und nach seinem Verhalten wirklich als gerecht erfunden wird; bei dem Zuspruch der Rechtfertigung des Sünders durch Gott handelt es sich hingegen um ein *synthetisches* Urteil, das die Gerechtigkeit dem als schuldig erwiesenen Menschen zuspricht, d. h. ihn begnadigt und freispricht

Tabu – ungeschriebenes Gesetz, das aufgrund bestimmter Anschauungen innerhalb einer Gesellschaft verbietet, bestimmte Dinge zu tun

tabuisieren – für tabu erklären, totschweigen

Toleranz – »Dulden«, »Ertragen«; die Bereitschaft, eine andere Anschauung, Einstellung oder andere Sitten zu dulden, gelten zu lassen oder auch anzuerkennen (vgl. Akzeptanz)

Trauma – (griechisch) »Verletzung«, »Wunde«, starke seelische Erschütterung, die im Unbewussten noch lange wirksam ist

traumatisch – das Trauma betreffend, auf ihm beruhend bzw. durch ein Trauma entstanden

Trinität – Dreieinigkeit, Dreifaltigkeit Gottes, des Vaters, des Sohnes und des Heiligen Geistes; **trinitarisch** – die Trinität betreffend

Trias – (griechisch) »Dreiheit«, Dreizahl, wie die neutestamentliche Dreiheit von »Glaube, Liebe und Hoffnung« 1. Kor 13,13; 1. Thess 1,3; 5,8

Urchristentum – Bezeichnung für die »apostolische« Zeit des Christentums, d. h. für die Kirche des 1. Jh. n. Chr.

Urgemeinde – die erste, überwiegend aramäisch sprechende Gemeinde der Jünger Jesu Christi in Jerusalem

Utopie – was (noch) »keinen Raum« hat (griechisch), Entwurf, der den Realitätsbezug bewusst oder unbewusst vernachlässigt, Wunschtraum; **utopisch** – nur in der Vorstellung, Fantasie möglich, mit der Wirklichkeit [noch] nicht vereinbar, nicht durchführbar

Verb – Zeitwort, z. B. »glauben«

verifizieren – durch Überprüfen die Richtigkeit von etwas bestätigen, beglaubigen; Gegensatz: falsifizieren; **verifizerbar** – nachprüfbar, als richtig zu erweisen

Weisheitsschriften – biblische und frühjüdische Schriften, die die Weisheit bzw. die Bildung des Weisen, d. h. des rechten Menschen zum Gegenstand haben; z. B. Hiob, Sprüche, Prediger, Jesus Sirach, Weisheit Salomos

Zugehörigkeitsformel – die das wechselseitige Zugehörigkeitsverhältnis von Gott und seinem Volk bezeichnende geprägte Formulierung; z. B. 3. Mose 26,12: »Ich will unter euch wandeln und will *euer Gott* sein, und ihr sollt *mein Volk* sein« (vgl. Hes 37,27; Offb 21,3)

Dr. Hans-Joachim Eckstein, geb. in Köln, ist seit 2001 Professor für Neues Testament an der Evangelisch-theologischen Fakultät der Universität Tübingen, zuvor an der Universität Heidelberg. Bis 1996 war er Pfarrer der Evangelischen Landeskirche in Württemberg im Hochschuldienst.

Vielen ist er durch seine eindrücklichen Vorträge und Predigten sowie durch seine zahlreichen Veröffentlichungen und Gemeindelieder bekannt. Seine Bücher, die zu einem befreienden und lebensbejahenden Glauben einladen, sprechen durch ihren persönlichen und sprachlich gewinnenden Stil an.

Ob in Universitäts- oder Gemeindeveranstaltungen, ob in Sachbüchern oder in lyrischer und meditativer Literatur, Hans-Joachim Eckstein gelingt immer wieder der Brückenschlag zwischen Glauben und Denken, zwischen Universität und Kirche, zwischen Landeskirchen, Freikirchen und Gemeinschaften. Gerade mit seinen lyrischen und aphoristischen Texten spricht er zugleich auch viele Menschen an, die sich dem

Glauben gegenüber bisher eher distanziert empfanden.

Für seine pädagogischen und didaktischen Fähigkeiten wurde ihm vom Land Baden-Württemberg der Landeslehrpreis verliehen. Für seine besondere Basis- und Gemeindenähe in Lehre, Publikationen und Beratung sowie für sein Brückenbauen zwischen wissenschaftlicher Theologie und Gemeindeglauben erhielt er den Sexauer Gemeindepreis für Theologie.

Er ist Synodaler der Evangelischen Landeskirche in Württemberg und Mitglied der Kammer für Theologie der Evangelischen Kirche in Deutschland.

Unter den fachwissenschaftlich-theologischen Veröffentlichungen des Autors siehe vor allem: »Kyrios Jesus. Perspektiven einer christologischen Theologie«, Neukirchen 2010; »Der aus Glauben Gerechte wird leben. Beiträge zur Theologie des Neuen Testaments«, BVB 5, 2. Aufl., Münster u. a. 2007 (2003); und »Verheißung und Gesetz. Eine exegetische Untersuchung zu Gal 2,15 – 4,7«, WUNT 86, Tübingen 1996.

BÜCHER VON HANS-JOACHIM ECKSTEIN:

Ich habe meine Mitte in dir
Schritte des Glaubens
Hc., 128 S., Nr. 393 538, ISBN 978-3-7751-3538-3
Zu den Themen: Glaube und Alltagsbewältigung.

Du liebst mich, also bin ich
Gedanken – Gebete – Meditationen
Hc., 160 S., Nr. 393 633, ISBN 978-3-7751-3633-4
Als Hörbuch: Compact Disc
Nr. 395 168, ISBN 978-3-7751-5168-9
Zu den Themen: Liebe und Persönlichkeitsentfaltung.

Du hast mir den Himmel geöffnet
Perspektiven der Hoffnung
Hc., 176 S., Nr. 393 787, ISBN 978-3-7751-3787-4
Zu den Themen: Hoffnung und Lebensgestaltung.

Eckstein exklusiv:
Trilogie zu Glaube, Liebe und Hoffnung.
Schuber, Nr. 394 710, ISBN 978-3-7751-4710-1

Himmlisch menschlich
Von der Stärke der Schwachheit
Hc., 160 S., Nr. 394 502, ISBN 978-3-7751-4502-2
Gedanken, Gedichte und Meditationen.

Glaubensleben – Lebenslust
Ich freue mich an dir
Hc., 160 S., Nr. 394 816.000, ISBN 978-3-7751-4816-0
Gedanken, Gedichte und Meditationen.

Gelassen in dir
Aufstellbuch mit Aphorismen
Spiralheft, 120 S., Nr. 394 416, ISBN 978-3-7751-4416-2
Kurze Texte, Gedanken und Gebete, die zu einer begründeten und vertrauensvollen Gelassenheit einladen.

Glaube, der erwachsen wird
Hc., 128 S., Nr. 393 836, ISBN 978-3-7751-3836-9
Wenn der Glaube erwachsen wird, sucht er nach einer neuen, reifen Ursprünglichkeit, die zum Leben befähigt und den kritischen Rückfragen standhält.

Zur Wiederentdeckung der Hoffnung
Grundlagen des Glaubens 1
Hc., 144 S., Nr. 393 898, ISBN 978-3-7751-3898-7
Spannende theologische Entfaltungen des Evangeliums zu den Themen: Hoffnung und Auferstehung, Frage nach Gott, Evangelium und Rechtfertigung.

Glaube als Beziehung
Von der menschlichen Wirklichkeit Gottes
Grundlagen des Glaubens 2
Hc., 170 S., Nr. 394 458, ISBN 978-3-7751-4458-2
Einfühlsame Entfaltungen des Evangeliums laden zu einem befreienden und lebensbejahenden Glauben ein.

Lass uns Liebe lernen
Briefe, Gebete und Meditationen
Hc., 112 S., Nr. 393 599, ISBN 978-3-7751-3599-3
Was hat erotische Liebe mit Gott zu tun? Die persönlichen Gedanken regen dazu an, die Erfahrungen und Möglichkeiten der partnerschaftlichen Liebe wie auch des Glaubens neu zu entdecken.

Fürchte dich nicht, ich bin bei dir.
Liederbuch
Gh., 32 S., Nr. 394 321, ISBN 978-3-7751-4321-9
26 der beliebtesten Lieder von H.-J. Eckstein mit Gitarren-
griffen und Klaviersatz.

Du hast Worte des Lebens. Bibel-Lernsystem
Bibelkunde nach Schlüsselversen
Gh., 24 S., Nr. 394 388, ISBN 978-3-7751-4388-2
140 Kärtchen mit Schlüsselversen nach zentralen Themen
und biblischen Büchern sortiert. Begleitheft mit Anre-
gungen zu einem systematischen und effektiven Lernen.

Bibel-Anstreichsystem
Mit Verzeichnis biblischer Begriffe
Gh., 32 S., Nr. 391 442, ISBN 3-7751-1442-4

Bitte fragen Sie in Ihrer Buchhandlung nach diesen
Büchern! Oder schreiben Sie an: SCM Hänssler im SCM-
Verlag, D-71087 Holzgerlingen

Hans-Joachim Eckstein

Glaube als Beziehung

Von der menschlichen
Wirklichkeit Gottes
Grundlagen des Glaubens 2

Gebunden, 10,5 x 16,5, 170 S.
Nr. 394.458,
ISBN 978-3-7751-4458-2

»Der Glaube ist nicht die Voraussetzung, die wir
von uns aus erfüllen müssen, um Gottes Wirken
zu erleben, sondern die Art und Weise, in der Gott
uns seine Wirklichkeit schon hier und jetzt erfahren
lässt.«
Einfühlsame Entfaltungen des Evangeliums von
der »menschlichen Wirklichkeit Gottes« laden zu
einem befreienden und lebensbejahenden Glauben
ein. Hier ist Hans-Joachim Eckstein der Brückenschlag zwischen Glauben und Denken, zwischen
persönlichem Erleben und Nachdenken über die
gemeinsame Glaubensgrundlage besonders eindrücklich gelungen.

*Bitte fragen Sie in Ihrer Buchhandlung nach diesem
Buch! Oder schreiben Sie an: SCM Hänssler im
SCM-Verlag, D-71087 Holzgerlingen*

Hans-Joachim Eckstein

Glaubensleben – Lebenslust

Ich freue mich an dir

Gebunden, 10,5 x 16,5, 170 S.
Nr. 394.816,
ISBN 978-3-7751-4816-0

»Wenn der Glaube zum Leben wird, dann wird das Leben zur Lust. Denn die Lebensfreude gehört zum Glaubensleben wie das Wasser zur Quelle und wie der Lichtstrahl zum Licht.«
»Glauben bedeutet, sich mit Gott und an ihm zu freuen.«
Ein Band mit Gedanken, Gedichten und Meditationen von Hans-Joachim Eckstein fasziniert durch brillante Sprache und Wortspiele, durch seinen gewinnenden Humor und die Anschaulichkeit der lebensnahen Weisheiten – und vor allem durch die geistlich tiefsinnigen Einsichten in biblische Wahrheiten.

Bitte fragen Sie in Ihrer Buchhandlung nach diesem Buch! Oder schreiben Sie an: SCM Hänssler im SCM-Verlag, D-71087 Holzgerlingen